人事担当者・管理職のための

# メンタルヘルス・マネジメントの教科書

日本メディメンタル研究所所長
医学博士／産業保健コンサルタント
清水隆司
Takashi Shimizu

Mental
Health
Management

SOGO HOREI PUBLISHING CO., LTD

# はじめに

## メンタルヘルス・マネジメントの、この20数年

この度、縁あって、本書『メンタルヘルス・マネジメントの教科書』を執筆することになりました。

振り返れば、1993年から某製造業の専属常勤産業医として働き始めました。病院で勤務していた頃と、産業医として企業に勤務することの大きな違いに正直、戸惑いを感じていました。

当時はちょうど1990年代のバブル景気がはじけて、どの企業でもダウンサイジングやリストラクチャリングが行われていました。

毎年、健康管理部門の人員や予算の削減について、関係部署と厳しい交渉をして、健康

管理部門の存在意義を何とかアピールしつつ、必要な人員と予算を確保することに四苦八苦していたことを懐かしく思い出します。

また、時を同じくして、某大手広告会社での社員の自殺が、企業の安全配慮義務違反であるとする第一審の判決が、１９９６年にマスコミで報道されることを契機として、企業のメンタルヘルス対策も注目されてきました。

ただ、企業のメンタルヘルス対策はマニュアル通りにいかないこともよくあります。たとえば、「うつ病」の疑いがあれば、精神科クリニックを紹介して治療を受けてもらうことが必要ですが、精神疾患は客観的な検査がなく、仕事がどこまでできるかどうかについて、医学的には未解明なことがあり、精神科主治医では仕事のパフォーマンスについて判断ができません。しかしながら、そのことについて、一般の人々はあまり理解していないのが現状です。

精神科主治医からは「治療は必要だが休職はしなくてもよい」と言われる一方で、職場の上司からは「他の同僚と比べて仕事ができなくて困っている、出勤はしているが体調が悪くてずっと休憩室で横になっている」と言われる中、産業医の私はその間で悩みながら対応をしていたことを懐かしく思い出します。

## 本書で訴えたい視点

メンタルヘルス対策については、これまでも弁護士や社会保険労務士、精神科医、産業医、臨床心理士などの手による様々な著書が出ています。本書は産業医の視点で記しています。

特に、「精神科主治医と産業医の立場の違い」について、繰り返し記載しています。一般の方々からすれば、「同じ医師なのに、どうして精神科主治医と産業医で判断が異なるのか」と不思議に思うかもしれません。

しかし、精神疾患は客観的検査で病状を判断することができないために、患者本人が自分の状態を正直に訴えてもらわないと、正確な診断ができないところがあります。正直に話してもらうためには、患者に対して精神科主治医は「何を話しても否定せず受け入れる」という立場を取らざるを得ないわけです。ですから、「職場を休みたくない」と言われたら、それを受け入れて、職場へ出かけても必ず通院治療を続けるよう話すしかありません。

一方、産業医は、労働安全衛生法で業務内容が規定され、患者本人の健康状態だけではなく、職場で安全に、かつ職場で求められる最低限の職務ができるかどうか、復職先の上司や同僚に過度の負担をかけないかどうかを判断しないといけません。精神科主治医の診断通りに復職させればよいというものではないのです。復職させた後、病状が悪化すれば、職場の責任を法的に問われますので、そのようなことがないように慎重に考えないといけない立場です。

また、産業医は、患者本人が社員として勤務し続けている間、ずっとその社員の状態について把握し、適宜対応を求められます。

一方、精神科主治医は、勤務する病院を変えたり、患者自身が他の病院へ移ったりすれば、患者の治療に関わることはなくなります。

産業医を長年していると、復職した社員が5年後、10年後、社内でどのような状態になるのかを、否が応でも見ないといけないため、当時の産業医や会社の判断が長期的に社員に対してどのような影響を与えるのかがわかり、その分、慎重に判断せざるを得ないという事情もあります。

このような事情を、少しでも理解していただければ幸いです。

## 今、改めて訴えたいメンタルヘルス・マネジメントの大切さ

昨今は、私が駆け出しの産業医だったころ、一緒にメンタルヘルス対策をしていただいていた人事担当者や職場の管理職の方々が第一線から引退し、メンタルヘルス対策の経験に乏しい若い世代の方が現場のメンタルヘルス対策に直面するようになってきたような気がします。その意味では、企業のメンタルヘルス対策がひと回りして、基本的なことを再び説明する必要が出てきたように感じています。

しかも、私が産業医を始めたころと違い、職場の姿は大きく様変わりしてしまいました。まずは、企業のダウンサイジングが進んで、どこの職場も余剰人員を抱えなくなりました。昔は、多少病弱な社員がいても、太っ腹な上司が何とか大目に見て、職場で面倒を見てくれていましたが、今はそういう人はいません。また、非正規雇用の社員が増えて、同じ職場に、正社員、派遣社員、契約社員、パート社員など労働契約が異なる社員が混在することが普通になりました。他にも、裁量労働制や在宅勤務など、社員個人の事情に合わせて勤務時間を調整できる代わりに、メンタルヘルス不調の社員を早期に見つけることが

難しくなってきました。

そのほか、インターネットの普及で、社内の連絡はほとんど電子メールを介して行われるようになり、対面でリアルに話し合うことがめっきり減ってしまいました。デスクワークの職場では静かな環境が一般になっています。その一方で、文字情報では伝わらない「言い方」「声のトーン」などは削除され、デリケートな気持ちや考えを職場内で共有することが難しくなり、その分、メンタルヘルス不調が見つけにくくなったような気がします。

プライベートな部分でも、少子高齢化や核家族化が進むことで、育児や介護、お金などの家族の問題を親戚や友人などの助けを借りて解決することが難しくなったように感じます。以前は、メンタルヘルス不調の社員がいれば、その家族を呼び出して、今までの経緯と病状を説明すれば、家族からの支援で何とか問題解決できたものですが、最近は、家族自身に余裕がなく、たとえ、息子（娘）のことでも、「成人になったので、家族へ連絡しないでほしい」と言われることも増えてきました。

しかし、何か問題が起きると、「会社は何をしていたのだ」と非難されることも増えてきています。

そういう意味で、今回、改めてメンタルヘルス・マネジメントの基本的な考え方と対応について知っていただきたいと思い、筆を取った次第です。

本書が、企業の人事担当者や現場の管理職の方々に少しでもお役に立てれば幸いです。

目次

## 第2章 職場のメンタルヘルス不調を未然に防ぐ



## 第3章 もし、メンタルヘルス不調になってしまったら ①休職

## 第4章 もし、メンタルヘルス不調になってしまったら ②復職

第5章　メンタルヘルス・マネジメントで会社を元気にする



編集協力　山中勇樹
ブックデザイン　中西啓一（panix）
本文ＤＴＰ・図表作成　横内俊彦

第１章

# メンタルヘルス・マネジメントの基本

01

# メンタルヘルス・マネジメントとは

## 急がれる「メンタルヘルス」への対策

近年、「**メンタルヘルス不調**」や「**メンタルヘルス対策**」という言葉がよく聞かれるようになりました。

その背景としては、情報ネットワークの発達による人が取扱う情報量の増大、職場や家庭でのリアルなコミュニケーション不足、仕事のスピードの加速、核家族の増加・少子高齢化による人間関係の希薄化、育児介護の問題の増加、経済的な問題も含めた個人的な問題や悩みを抱えた人たちの増加などが考えられます。

そもそもメンタルヘルス（mental health）とは、日本語で「精神的健康」を意味する言葉です。精神的健康とは「**心の健康**」と言い換えてもいいでしょう。

では、健康とは何でしょうか。世界保健機関（WHO）の定義によると、「単に病気がないとか、病弱ではないということではなく、肉体的、精神的、社会的に満たされた（Well-being）状態」とされています。「Well-being」を「満たされた」と訳していますが、幸せや安心感も含めた、〝よりよく生きている〟ことを指します。ですから、**病気があるという理由だけで、「健康」ではないと言えない**ことは押さえておく必要があります。

いくら身体が健康でも、心が健康でなければ、日々の生活や仕事を満足に送ることはできません。クルマにたとえれば、車体が身体であり、心はバッテリーやガソリンみたいなものです。ただ、バッテリーやガソリンは、お金を支払えば交換してもらえますが、心の場合はお金では交換できません。

どんなに頑丈なボディを持ったクルマでも、バッテリーに不調があったり、ガソリンが不足したりしていれば、スムーズに走ることはできません。人間も同じで、身体の健康だけでは、充実した日々を過ごすことは難しいのです。バッテリーの充電が十分なされており、ガソリンが満タンの状態が、心が健康な状態であり、わかりやすく言えば、「元気」な状態であると言えます。

とくに仕事上においては、肉体的な問題だけでなく、精神な不調があるために、「やる気」や「元気」が湧いてこないケースが増えています。そうなると、本人は「がんばりたい」と思っていても、実際にがんばることができません。

身体が健康でも、心が不調とは、身体の心のバランスが乱れている状態でもあります。手足の筋肉を使いすぎると、翌日は筋肉痛で手足を動かしにくいことを経験したことがあると思います。それは、筋肉の中に、痛みを感じる感覚神経が通っており、筋肉の使い過ぎで生じた痛みを感覚神経を通じて私たちは自覚することができるからです。

一方、心をつかさどる脳には、生物学的に脳自身の痛みを感じる神経が通っていません。そのため、脳を使いすぎても、私たち自身は理解することができないのです。

ただ、脳は全身の感覚を感じたり、手足の動きを命じたりしますので、脳が疲労してくると、全身の感覚をうまく受け取れなくなったり、手足に動きの指令がうまく伝わらなくなります。しかも、脳は物事を理解したり記憶したり判断したりする働きもありますので、脳が疲労すると、わけもなくイライラしたり、心配したり、物忘れがひどくなったり、間違った判断をしやすくなったりします。

ここ数年で急激に増加している**「うつ病」は、まさに精神的な不調、すなわち脳の使い**

**過ぎによる疲労が原因で発症する**ものです。ただし、**すべての「うつ病」が脳の疲労だけで生じるわけではありません。**遺伝的になりやすい体質の方もいます。

うつ病とは、「憂うつになる」「気分が落ち込む」などの気分の変化が注目されがちですが、脳の働きが低下しているために、体内のホルモンバランスや、脈・呼吸、胃腸などをつかさどる自律神経の働きも乱れますので、ダイエットもしないのに体重が急に減少したり、体の免疫力が低下して病気になりやすくなったり、持病のある方は専門診療科で治療しているにも関わらず、なかなか治らなかったりという体の症状が出ることも知っておく必要があります。

うつ病の原因にはさまざまなものが考えられますが、主に**環境的な要因**と**身体的な要因**があるとされています。

環境的な要因としては、「職場での人間関係がうまくいかない」「家族関係に不和が生じている」「親しい人が亡くなってしまった」「引っ越し」「人事異動」などがあります。

一方、身体的な要因としては、心臓病、脳卒中、糖尿病、メタボリック症候群、慢性的痛みなどの身体の病気のほかに、睡眠不足、飲酒、喫煙、寝る前のメールチェックやネットサーフィン、ゲームなどがあります。

そのような状況を放置しておくと、やがてメンタルヘルス不調へ発展し、うつ病にまで至ってしまう場合があるのです。

厚生労働省の調査によると、日本の気分障害患者数は、１９９６年に43・３万人、１９９９年に44・1万人でした。しかし、２００２年には71・1万人と急増し、２００５年には92・４万人、２００８年には１０４・1万人と、右肩上がりで増加しています。

なかでもうつ病は、１９９６年に20・７万人だったものが、２００８年には70・４万人と、実に３・４倍も増加しているのです。

厚生労働省『患者調査』
http://www.mhlw.go.jp/bunya/kenkou/hoken-sidou/dl/h22_shiryou_05_09.pdf

このように、メンタルヘルス不調による患者が増えている実情を踏まえ、必要とされているのがメンタルヘルス・マネジメントです。

## 複雑に絡み合う職場の人間関係

本書で提案している「メンタルヘルス・マネジメント」とは、**精神疾患の早期発見と早期治療というメンタルヘルス不調への対策だけでなく、広い意味で職場環境および社員の健康を向上させていくこと**を意味しています。

たとえば、職場の人間関係や部下が担当している業務量の調整、業務プロセスの改善、職場環境の改善、社員の士気の向上、医学的な観点からの配慮など、幅広い視点でメンタルヘルス不調を予防することを目指します。

そうすることによって、万が一メンタルヘルス不調になってしまった人がいても、速やかに適切な対応ができる体制を作り上げ、社員個々人が安心して元気に生き生きと働ける職場環境を作ることを目指します。

人の心は、他人に容易に理解できないことを共通理解として、関係者間で適宜適切かつリアルなコミュニケーションを行うことで、心と身体の健康を維持できる環境を構築し、社員個々人が自分らしい生活を送りながら、仕事へのモチベーションを高め、職場の生産性を含めた活動全体を高めていきます。それがメンタルヘルス・マネジメントの目指すところとなります。

そうは言っても、メンタルヘルス・マネジメントの実践は簡単なものではありません。なぜなら、**メンタルヘルス不調の原因には、複数の要因が絡んでいる**ためです。

たとえば、現場の上司が、「モチベーションを上げよう！」と言って、社員にプレッシャーをかけることが現実にはよくあります。ただ、部下の健康状態を配慮せず、一律にプレッシャーをかけ過ぎてしまえば、いわゆる「パワーハラスメント（パワハラ）」として、上司と部下の人間関係が壊れる危険性があります。また、生産性を高めるために、人員削減などの効率化を進めることもあるでしょうが、第一線で実務を担っている部下の意見にも配慮しなければ、職場の人間関係が崩れてしまうでしょう。

前述のように物事を多面的に考えることで、メンタルヘルス・マネジメントを実施する必要があります。人間関係、職場の状態、仕事の状況、社員個々人の健康状態など、考慮すべき要因はたくさんあるのです。

だからこそ、メンタルヘルス・マネジメントは〝言うは易く、行うは難し〟であるということを肝に銘じておきましょう。

そう言われると、メンタルヘルス・マネジメントに対して「やる気」がなくなるかもしれません。しかし、一般社員から見れば、会社としてメンタルヘルス・マネジメントに前向きに対応している過程がわかるだけでも、仕事へのモチベーションが上がりますので、**一歩ずつ可能な範囲で行うことが大事**です。

また、この分野は内容が多岐にわたり、産業医や保健師だけでなく、人事コンサルタント、社会保険労務士、弁護士なども関わります。そういう社外の専門家の意見を聞きながら、少しずつ現実的にできることをしていただければ、筆者としてはうれしい限りです。

## 経営判断とメンタルヘルス・マネジメント

メンタルヘルス・マネジメントを実施するには、現場の社員の働きだけでなく、上級管理職の「**経営判断**」も必要になります。

経営判断とは、事業を推進していく中において、とくに経営上、どのような効果があるのかを検討することです。

メンタルヘルス・マネジメントを実施したからと言って、すぐに会社の売上が増えるわけではありません。むしろ、コストがかかる場合も少なくないのです。

たとえば、産業医をはじめとする専門家と連携したり、社内に担当者を配置したりするとなると、それだけ費用がかかることになります。また、外部の専門機関に検査を依頼したり、教育や研修を実施したりすると、それもコストになります。

そのため、企業によっては、メンタルヘルス・マネジメントに消極的なところも少なくありません。目先の売上に追われている企業ほど、メンタルヘルス・マネジメントまで手が回らないのも無理はないでしょう。

ただし、誤解してはいけません。メンタルヘルス・マネジメントを実施する意義は、経営資源の一つである社員の健康レベルを向上させることにあります。社員の健康レベルを向上することによって、社員個々人のモチベーションが高くなり元気に働いてもらえれば、会社にとってプラスになることは間違いありません。

短期的な目先の利益ではなく、中長期的に意味のある「**社員の健康レベルの向上**」を実現する。それが、メンタルヘルス・マネジメントを実施する本質的な意義なのです。

ある意味において、メンタルヘルス・マネジメントは、電気やガス、水道のように、〝社会的なインフラ〟と考えるべきものかもしれません。電気や水道、ガスの料金を支払っても、会社の売上には直接貢献しないでしょう。しかし、電気や水道、ガスがなければ、会社の事業そのものが成り立ちません。

メンタルヘルス・マネジメントも、このように経営を継続させるための必要最低限のコストととらえるべきなのです。

「企業は人なり」という言葉があるように、企業は社員が動いて初めて事業を遂行できます。だからこそ、売上に直結するかどうかで考えるのではなく、そこで働く社員のために、必要な費用を惜しまない姿勢が求められるのです。

最近の有効求人倍率は、バブル期を超えて、売り手市場になっています。採用される側としては、年収だけではなく、福利厚生面なども含めた労働条件に注目しています。そういう環境下で、良い人材を採用するためにも、メンタルヘルス・マネジメントはきっと役に立つと思います。

> 厚生労働省　一般職業紹介状況（職業安定業務統計）
> http://www.mhlw.go.jp/toukei/list/114-1.html

# 02 メンタルヘルス・マネジメントの現状と課題

## 人口減少とメンタルヘルス不調

どの企業でも、メンタルヘルスに関する問題は生じる恐れがあります。とくに現代のように、働き手が減少している社会では、その傾向が目立つようになりました。

とくに人口の推移という観点から、現状について考えてみましょう。

国勢調査の結果によると、2015年時点における日本の総人口は1億2709万人でした。この数字を、国立社会保障・人口問題研究所の出生中位推計の結果に基いて計算すると、2040年に1億1092万人、2053年には1億人を下回る9924万人まで減少します。さらに、2065年には8808万人になると推計されています。

このうち、とくに懸念すべきなのは「生産年齢人口（15〜64歳の人口）」の減少です。２０１０年に８０００万人以上だった生産年齢人口は、２０３０年には６７００万人ほどになり、全体に占める割合は63・８％（２０１０年）から58・１％（２０３０年）にまで下がります。このことはつまり現場の働き手が減少していくことを示しているのです。

働き手が減少するとなると、現場の社員はどうなってしまうでしょうか。

かつてのように、経済成長が著しく、さらに働き手が多い時代であれば、人をたくさん雇用して給料を払うこともできました。しかし、現代のような低成長で、しかも人が少ない現状では、思うように人を雇用することはできません。

その結果、人事担当者や経営層も、社員のメンタルヘルス不調にまで気を遣えなくなってしまいます。そのような状況だからこそ、ここで改めてメンタルヘルスについて考える必要があるのです。

**まさに現代は、メンタルヘルスの問題を避けて通れない時代であると言える**でしょう。

## 人事部門のスリム化とコミュニケーション不足

とくに人事部門というのは、仕事の幅が広い職種です。

経営目標を達成するための適切な部門構成や人員配置にはじまり、採用計画の立案、採用イベントの実施、教育、研修、人事評価、労務関係など、その業務は多岐にわたります。

ただでさえ幅広い業務を遂行しなければならないのに、働き手の減少による人員のスリム化が進んでしまえば、優先順位の高いものから処理していくしかありません。その結果、社員のメンタルヘルス不調への対応まで手が回らなくなってしまうのです。

また、人事部門を含めた、社内におけるコミュニケーションの簡素化という問題もあります。

たとえば、まだ電子メールが一般化していない時代であれば、対面でのコミュニケーションが基本でした。電話にしても、リアルタイムでの意思疎通を図ることができる点では変わりません。

一方で、最近は電子メールがコミュニケーションの主流となっています。たしかに、時間や相手の状況に関係なく連絡がとれるメールは便利ですが、相手の考えや気持ち、状況などをリアルタイムで知ることはできません。つまり、コミュニケーションとしてはあまりにも簡素なのです。

対面によるコミュニケーションは、単に話した内容だけではなく、話すときの顔の表情、声の調子、言い方などの情報が相手に伝わり、より深くお互いの気持ちと考えを理解することができます。しかし、電子メールでは、文字情報しか伝わらないので、相手のことを知る情報量がかなり減ってしまいます。

その結果、お互いの意思疎通が不十分になり、ちょっとした変化にも気づけなくなってしまいます。それが上司と部下であればどうでしょうか。もし、部下にメンタルヘルス不調の兆候があったとしても、見逃してしまう可能性があるでしょう。

本来、社内の対面によるリアルなコミュニケーションには、メンタルヘルス不調を未然に防ぐ効果があるのです。それが、コミュニケーションの簡素化によって、メンタルヘルス不調の予防という機能を果たさなくなってきているのが現状です。

加えて近年では、テレワークなどの在宅勤務や取引先への出向など、働き方も多様化しています。会社に出社しない分、働き方が自由になるというメリットもありますが、その分コミュニケーションが希薄化していることを忘れてはなりません。
このように、**構造的な社会の変化が、メンタルヘルス不調を助長している要因の一つになっています。**

## 圧倒的に時間が足りない

働き手の減少や仕事内容および働き方の多様化、電子メールなどの情報ネットワークの利用による取扱う情報量の増加とビジネスのスピードの加速によって、現代の社会人は、仕事を処理する時間が圧倒的に不足しています。

働き手の減少も、仕事内容の多様化も、そして働き方の変化も、電子メールなどの情報ネットワークを基盤に成り立っています。そのため、時間のかかる対面でのコミュニケーションや電話よりも、メールやチャットに頼るようになります。その結果、コミュニケーションが簡素になる一方、膨大な情報を一瞬で相手へ渡すことになり、その分、処理する仕事が量的にも質的にも増えています。

仕事をこなす時間が足りないために、社員は休みたくても休めない。また、上司や人事担当者は、メンタルヘルス不調に関する相談を受けても、メールで簡単なアドバイスをすることしかできない。これでは、メンタルヘルス不調の患者が増えても仕方ありません。

そもそもメンタルヘルス不調になっている人は、自分の体調をうまく表現することができない傾向にあります。

本来であれば、上司や人事担当者がその人の変化に気づき、対処することが必要です。それが、メールでのコミュニケーションが主流の現代においては、どうしても気づきにくくなります。**伝えにくく気づきにくい**のが、現代の特徴なのです。

また、メールならではの弊害もあります。メールの主体は文字情報です。文字情報というのは、どうしてもシンプルなものになりやすく、とかくあいまいな表現になりやすい日本語では、自分の体調を正確に伝えられず誤解を生じるもととなります。対面によるリアルなコミュニケーションであれば、自分の体調をうまく言い表せなくても、顔の表情や声の調子、言い方などで、自分の体調を相手に伝えることができますが、メールでは文字情報以外の大切な情報が抜け落ちてしまいます。

たとえ時間がなくても、やはり**定期的に対面のコミュニケーションをする必要がある**のです。

加えて、インターネットに頼りすぎることにも注意が必要です。部下から相談を受けたとき、インターネットで調べてアドバイスしている人もいるかと思いますが、それは危険です。なぜなら、インターネット上の情報は信憑性《しんぴょうせい》に乏しいからです。

また、インターネットの記事は検索されることを主眼に書かれているものが多いので、不安をあおりがちな記事が多く、しかも、リンク機能で、そのような記事を立て続けに目にする危険性が高いため、かえって体調を悪化させたり、冷静な判断を見失ったりする危険性もあります。

本来であれば、産業医をはじめとする専門家に相談し、その上で対応を検討するのがベストです。それなのに、インターネットの情報で対処しようとすれば、根本的な問題解決につながらない可能性があります。場合によっては、部下への対応を誤り、部下の体調を悪化させたりすることもあるのです。

# 03 何がメンタルヘルス不調を引き起こすのか？

## メンタルヘルス不調の原因とは

では、メンタルヘルス不調の原因にはどのようなものがあるのでしょうか。

そもそもメンタルヘルスの問題には、「**生物学的要因（脳の機能の問題）**」「**心理学的要因（認知・性格の問題）**」「**社会的要因（環境の問題）**」が関係しています（図表1）。つまり、原因は一つではないということです。

たとえば、メンタルヘルス不調に陥っている人ほど、不調であることを自覚できず、会社を休もうとしません。「任された仕事を遂行したい」「自分が休んだら経済的に困る」「周囲の人に迷惑をかけたくない」などという誤った判断をしてしまい、メンタルヘルス

**図表1　メンタルヘルス不調の原因**

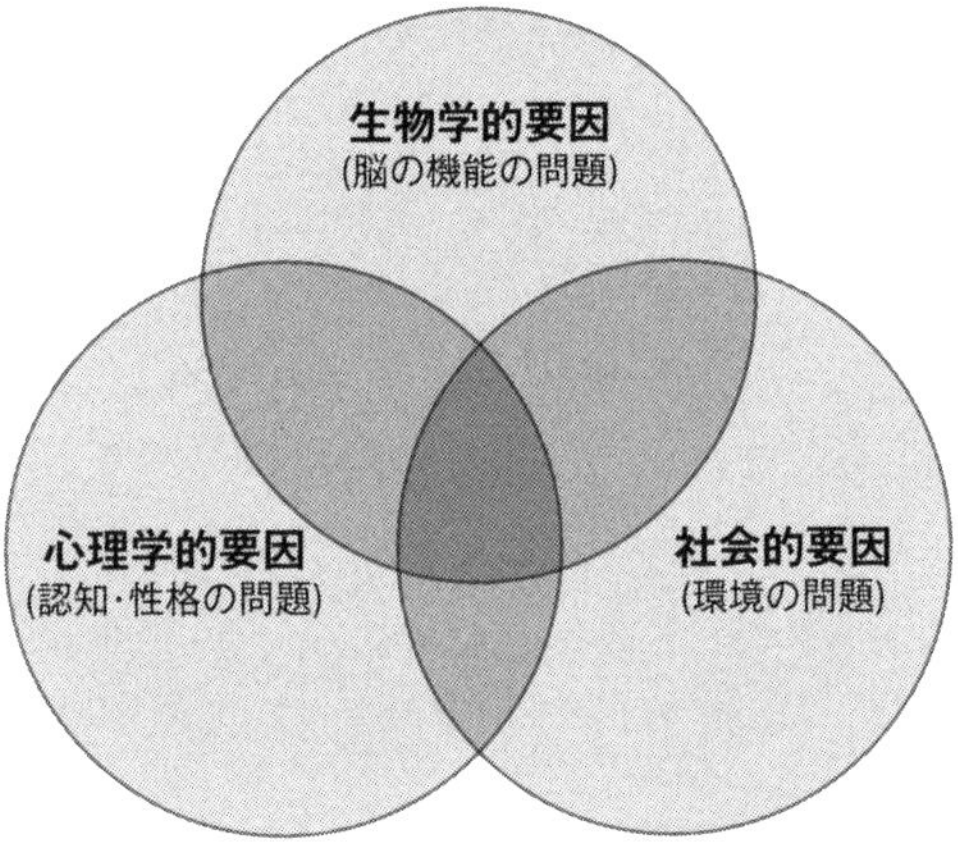


不調のまま働き続けてしまうのです。

　本来、身体や心が疲れているのであれば、上司や人事担当者などへ正直に報告し休めばいいだけです。しかし、冷静な思考や判断ができずに休むことができません。その結果、体調がどんどん悪化してしまう。体調が悪化すればするほど、仕事を効率的にこなせなくなり、休むことへの不安感が高まって、休みたいけど休めないと思い込んでしまう。これがメンタルヘルス不調の特徴です。

　また、メンタルヘルス不調の人は、正しい解決策を判断したり、実行に移したりすることもできない状態に陥ることが多いです。加えて、自分自身の気持ちや考えを自覚することも困難になるため、周囲に助けを求めることも難しいのです。

そのような状況にあるため、どんどん休めなくなっていく。休養をとり身体を十分に休め、よい睡眠をとって回復したり、適切な医療機関へ受診したりすることができなくなり、さらにメンタルヘルス不調が進行する。まさに悪循環です。

## 「なんとかなるだろう」が危険

筆者の経験では、**メンタルヘルス不調になりやすい人には、無口で心配性で几帳面、または自分の疲労感を我慢したり感じにくかったりする傾向が高いようです。**健康な状態であれば、多少の疲労感を我慢したり感じにくかったりすることは、一般的に「頑張りが効く」とよく言われます。しかし、一度、病的な疲労を蓄積してくると、健康な状態での対処がますます病状を悪化させてしまうのです。

そのような性格のため、たとえ社内に「無料相談窓口」などを設置していても、実際にメンタルヘルス不調の社員に活用してもらえないことがよくあります。このような相談窓口を生かすためには、メンタルヘルス不調の疑いのある社員に対して、上司や人事担当者が直接会って、相談窓口の利用を促す必要がありますが、社内コミュニケーション不全によってそれもできない。それでメンタルヘルス不調が進行してしまうこともあるのです。

すでに述べているように、メンタルヘルスの問題には、「生物学的要因（脳の機能の問題）」「心理学的要因（認知・性格の問題）」「社会的要因（環境の問題）」が関係しています。要因が複雑であるからこそ、問題を整理して対処する必要があります。

人事部門や経営層は、その点を踏まえた上で対応しなければなりません。必要な設備やサービスを用意するだけでは不十分です。本人から自主的に行動できない場合も少なくありません。現場の管理者が自分の部下について気になることがあれば、速やかに人事部門や相談窓口に相談することが大切になります。

なかには、相談者への対応が不十分な場合もあります。本来であれば、症状や現状について詳しくヒアリングするべきなのにも関わらず、「とりあえず病院に行って診断書をもらってきて」という対応をとってしまう。それは適切ではありません。「いつから不調を感じたのか？」「仕事内容についてはどうだったのか？」「不調になる1〜2年間に、仕事やプライベートで何か出来事があったのか？」などと背景を聞くことが必要です。産業医へ相談できるように、連絡をとってあげるのもいいでしょう。

そのように、相手のことをきちんと理解してあげて、自分では行動できない状態にあることも加味して、一手間かけてあげることが必要なのです。少なくとも、メンタルヘルス不調の人に関しては、物事を効率的に処理できると考えてはいけません。

会社全体としては、そのような対応をできる上司や人事担当者を正しく評価できる体制を整えることも必要でしょう。現実にはなかなか難しいかもしれませんが、**成果や売上と同様に、メンタルヘルス・マネジメントに関するスキルは会社にとって必要不可欠なものなのです。**

## ストレスについて

メンタルヘルス不調の原因として、「ストレス」をイメージする人は多いと思います。もともと「**ストレス**」とは、工学用語で、物に圧力などをかけて歪ませるものを指していました。それが人間にも用いられるようになったのですが、体内環境を歪ませるものを正確には「**ストレッサー（ストレス要因）**」と言い、ストレッサーにより歪んだ状態を「**ストレス状態**」と言います。世間では、ストレッサーやストレス状態を、ひとくくりにして、すべて「ストレス」と言っているので、誤解が広まっています（図表2）。

ストレッサー（ストレス要因）には、気温、部屋の明るさ、音、ウイルス、お酒、煙草、アルコールなど、様々なものがあります。とくに仕事上においては、上司からのプレッシャーや顧客からのクレームなどが挙げられるでしょう。これらは、自分自身では制御することができません。上司や人事担当者、関係部署などの理解や協力が必要になります。

ちなみに、ストレッサーには、次のような種類があります。

- **生物学的ストレッサー……スギ花粉、ウイルスなど**
- **物理学的ストレッサー……音や光、温度、湿度、照度など**
- **化学的ストレッサー……酒やタバコ、食品添加物など**
- **心理学的ストレッサー……喜怒哀楽**
- **社会的ストレッサー……職場、家庭、地域などに関する出来事など**

ただし、生物学的ストレッサーや物理学的ストレッサー、化学的ストレッサーは、測定器で調べれば、客観的に確認することができ、個人差がありません。たとえば、気温であ

**図表2　ストレスとは**

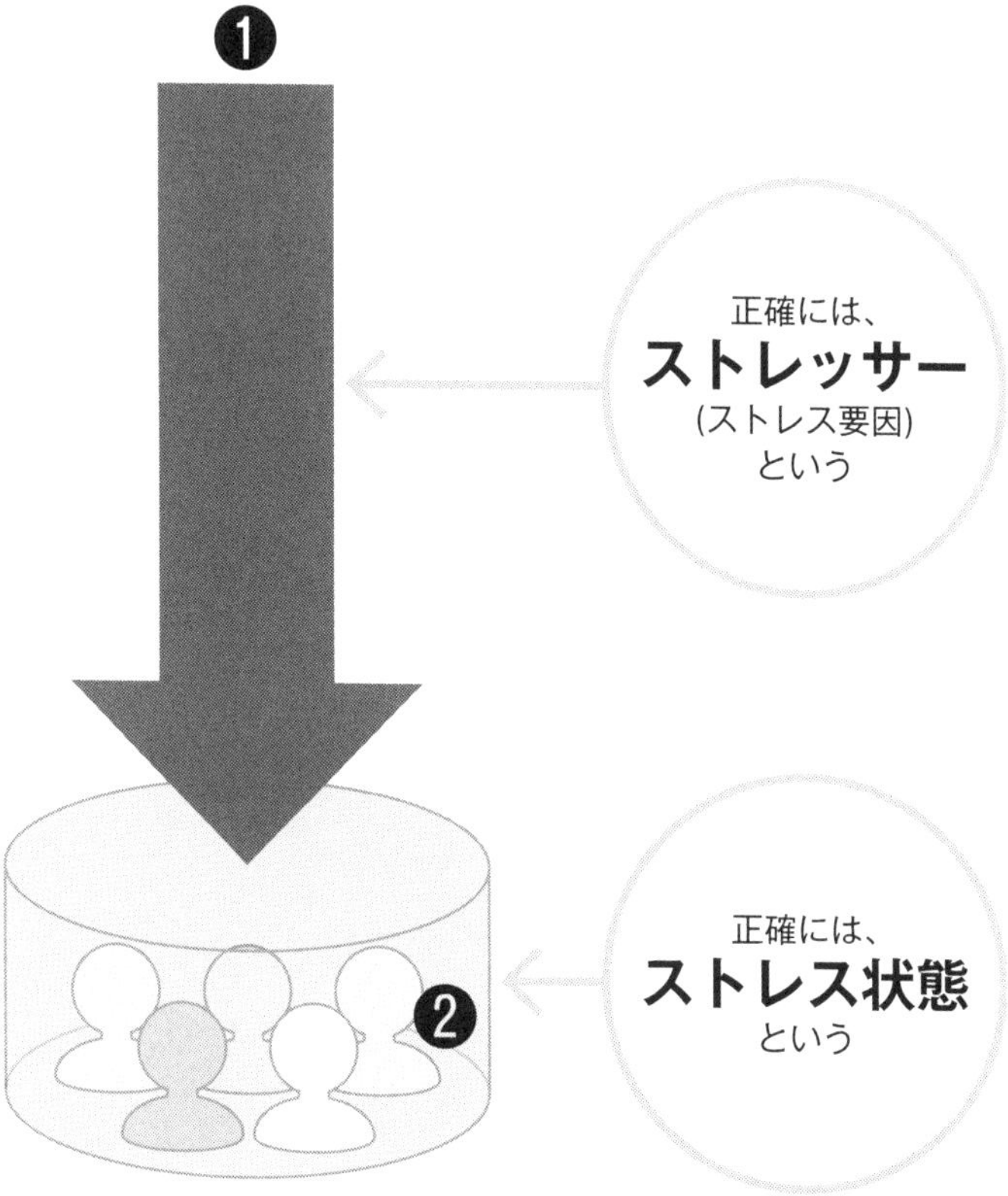


一般的には、❶と❷を一緒にして「ストレス」と言っているが、❶と❷は大きく違う。
❶には個人差がなく、❷には個人差がある。

れば、特定の時間と場所で温度計を用いて調べれば、誰が測定しても同じ結果になります。

一方、ストレス状態には、大きな個人差があります。たとえば気温の話でいえば、25度で「少し暑い」と感じる方もいれば、逆に「過ごしやすい」と思う人もいて、皆が同じように感じるわけではありません。

また、すべてのストレッサーが心身に悪いものとは限りません。たとえば、上司からのプレッシャーをバネにして、モチベーション高く仕事ができる人もいるでしょう。大切なのは、生きるために不適切なストレスを減らし、適切なストレスと向き合い対処する術を学ぶことなのです。

もっとも、ストレスばかりがメンタルヘルス不調の原因ではありません。原因不明で発症することもありますし、身体の持病が引き金になって発症することもあります。

身体の持病を放置しておいた結果、メンタルヘルス不調につながることも少なくありません。とくに糖尿病など、初期に自覚症状が出ない病気については、注意して早期に病院へ受診し、生活習慣の改善や投薬治療が必要です。そういう意味では、**毎年職場で行う定期健康診断を受診し、結果に基づいて必要な検査や治療を受けることも、メンタルヘルス不調の予防には必要と言えます。**

このように、ストレスだけがメンタルヘルス不調の原因ではありません。また、ストレスに関しても、すべてのストレッサーが悪いのではなく、生きるために必要な適切なストレスと上手につきあうことが求められます。

たとえば、メンタル不調を未然に防ぐための習慣として、次のような活動が効果的です。

- 仕事とプライベートを区切る（24時間、仕事を頭の中に入れない。帰宅しても社員を演じない）
- 職場外の友人（話し相手）を持つ
- 趣味（楽しみ）をつくる（ただし、ネットサーフィンやゲームは勧めない）
- 座禅会、瞑想（マインドフルネス）、腹式呼吸、ヨーガなどに取り組む
- 朝起きたら、窓の近くに移動する
- 昼休みには、15分ほど目を閉じて休む
- 夜9時以降にパソコン、スマホ、ゲームを扱わない
- 病気で1～2年休んでも生活に困らないよう貯金する
- 読み書きやそろばんをする（声を出して本を読む、ペンを使って文字を書く、そろ

**ばんを使って計算する）**

ちなみに「**マインドフルネス**」とは、主に瞑想を用いて、目的意識を持ち、判断を挟まずに、「今」という瞬間において、特定の方法で注意を持続させることによって培われる気づきです。グーグルやアップル、マッキンゼーなど、欧米の企業を中心に導入されています。

その効果については、「脳の前頭前野皮質（問題解決・感情のコントロール）の厚みが増す」「海馬（記憶を司る）の灰白質が増す」「痛みの軽減」「脳の扁桃体（不安・恐怖）が縮小する」「脳の前頭前野と扁桃体の連携が強まる」「身体の免疫力が増す」とされています。

ストレスとメンタルヘルス不調の関係性については、第3章でも詳しく解説していきます。

# 04 時代の変遷に伴う業務内容と職場環境の変化

## コミュニケーションの本質

メンタルヘルス・マネジメントを実践するにあたり、対面によるリアルなコミュニケーションを通して、部下の体調や現状の業務内容、職場環境について考えていくことは大切です。

たとえば、部下から相談を受けた場合、現状の業務内容や職場環境についてきちんと検討し、コミュニケーションをとりながら改善することが求められます。事務的に対応するのではなく、対面によるリアルな会話を通して「言葉」「口調」「表情」まで観察することで、わずかな変化にも対応できるようになるのです。

そもそもコミュニケーションとは、ただ言葉や文字を交わすことではありません。言葉や文字を交わすだけと考えて効率化してしまうと、微妙な変化やニュアンス、本当に伝えたいことを見落としてしまいかねません。「受け入れてもらえない」と相談者が思ってしまえば、メンタルヘルス不調を未然に防ぐことはできないのです。

ことメンタルヘルス不調への対応に関しては、「面倒くさい」「無関心」「事務的」「過度な効率化」などはNGです。また、相談する側の人も、「詳しく話さなくても察してください」というスタンスでは伝わりません。大切なのは**双方のコミュニケーションの質と量**です。

たとえば、「先月の残業時間は20時間でした」と事実だけを伝えるのではなく、「先月の残業時間は20時間で、ちょっと大変でした」と、「ちょっと大変でした」という気持ちを伝えるだけで、ぐっと質的に意味のあるコミュニケーションになります。

ある心理学の考え方に、「**コミュニケーションとは、話し手の意図に関することでもなく、正確な言葉を話すことでもない。それは聞き手の中に一つの経験を作り出すことであり、聞き手から反応を得ることである**」というものがあります。

わかりやすく言い換えれば、上司が「今月から会社にとって大事なプロジェクトが始まりますので、みなさん、頑張りましょう」と部下全員に話したとします。その際に、上司は、正しい言葉を用いて話すことよりも、上司の考えや思いが部下にどれだけ伝わったのか、部下一人ひとりの顔色や表情、発言内容、行動状況から理解することが大事になるということです。

業務内容が効率化し、職場環境も変化している現代において、対面によるコミュニケーションに時間を割くのは難しいかもしれません。しかし、それをおろそかにしていると、メンタルヘルス不調を見逃してしまう危険性が高まります。

**必要なのは、部下の状況を確認して、適宜時間をとって、上司と部下がお互いにコミュニケーションをとることです**。仕事の話だけでなく、日常生活に関しても会話ができる環境を構築しておくことが、メンタルヘルス不調を未然に防ぐことになるのです。

そのためには、会話の絶対量が欠かせません。誰しも、今までまったく話をしたこともない相手には相談しにくいものです。ましてや、メンタルヘルスに関わることであればなおさらでしょう。**コミュニケーションによる信頼関係の構築は、メンタルヘルス・マネジメントの基本**なのです。

## “小さな変化”を見逃さないこと

普段から密なコミュニケーションをとっていると、小さな変化にも敏感に反応することができるようになります。

たとえば、毎朝のちょっとした会話で、「体調が悪そうだけど大丈夫?」「実は最近……」というように、メンタルヘルス不調の兆候を発見できる場合もあります。あるいは、「3分スピーチ」などを実施している会社であれば、話の内容や話し方によって、「もしかしたら体調不調なのかもしれない」と気づけることもあるでしょう。

そのように、**小さな兆候を気づける土壌があれば、メンタルヘルス不調は未然に防げます。**

しかし、近年では、他人との会話がなくても生活できるようになっています。会社に行き、パソコンを立ち上げて仕事をする。コンビニで買い物をし、休憩時間にはスマートフォンをいじり、帰ってテレビを見て寝る。その繰り返しでも生活になんら支障はありません。

誰とも会話をしなければ、メンタルヘルス不調を予防することは難しい。だからこそ、**効率化ばかりを追求するのではなく、あえてコミュニケーションを行う環境を整えておく**必要があるのです。

「今日はちょっと顔色が悪そうだね」

「辛そうだけど大丈夫?」

このような他愛のない会話にも意味があります。顔を合わせて挨拶をし、一言二言交わすだけでもいいのです。とにかく、ちょっとした声かけを行い、**部下の小さな変化を見逃さない**ようにしましょう。

とくに留意しておきたいのは、**人のタイプによって会話量に差がある**ということです。大きく分けると、「人と話すことで元気になる人」と「黙って自分の好きなことをすることで元気になる人」の2タイプがあります。そのタイプを見極めつつ、適切な会話の量を意識してコミュニケーションをとることが大切です。

人と話すことで元気になる人は、こちらからあえて声かけしなくても、いろいろ話しかけてきますから、安心できます。ただ、こういう人は、仕事や家庭で誰とも対面で話す機会が減ってくると元気がなくなるので、注意が必要です。

一方、黙々と自分の世界を楽しむことで元気になる人は、こちらから話しかけないとしゃべってくれないので、定期的にミーティングなどを設けたり、日報や週報などをつけてもらったりする工夫が必要になります。

いずれにしても、日頃から観察しておかなければ、その人のタイプを見極めることはできません。日常業務の中で部下の変化を見つけるために、朝礼や昼礼、ミーティング、日報、週報、人事評価面談などの機会を利用することが大切です。

人事担当者としては、職場ごとの人員バランスを整えておくことも欠かせません。病気で休職する人が立て続けに生じている職場は、業務内容や業務量と人員とのバランスが悪いことが多いです。

もし、普段からよく話す人があまり喋らなくなったり、反対に普段は寡黙な人がよく喋るようになったりしたら注意が必要です。こういう小さな変化にこそ、メンタルヘルス不調の兆候がある危険性があります。

「人の性格傾向」という観点で言えば、仕事の進め方にも違いがあります。たとえば、「終わりよければすべてよし」という人もいれば、「プロセス重視で決められた手順で仕事を進めなければならない」という人もいるでしょう。

「終わりよければすべてよし」の人にとって、プロセスは関係ありません。納期までに、顧客が満足したものができればいい。ただ、「プロセス重視」の人にとって、そのような仕事の進め方は苦痛でしかないでしょう。

どちらが良い悪いということではなく、**人それぞれの違いを加味した上で、お互いにコミュニケーションをとりながら、必要に応じて人員配置を考えなければなりません。**

## ブラックボックス化させないこと

**コミュニケーションの基本は相互理解**にあります。人事や経営層の人は、業務内容や部署に関わらず、相互理解を生む組織を構築しなければなりません。それがメンタルヘルス・マネジメントにつながります。

人の性格傾向を加味した上で、人員を配置する。お互いの意思疎通が図れる環境を構築しつつ、状況に応じて柔軟に対応する。そのような姿勢が、メンタルヘルス不調を未然に防ぐことになるのです。

プロセスを大事にする上司のもとに、「結果さえよければいい」と考えがちな部下だけが配属されれば、それは上司と部下との人間関係がギクシャクしがちになり、人員配置としては不適切で、ストレスになります。それもモチベーションを高める良性のストレスではなく、負担になるだけの悪性のストレスです。そのような状況は、普段の仕事ぶりを確認し、人事評価面接などでよく観察していれば防げるはずです。

また、個々の社員には、会社以外での生活もあります。個々人がどのような生活をしているのかを正確に把握するのは難しいかもしれませんが、日常会話の中で、通勤時間や家庭の問題（介護・育児など）の有無、経済的な悩みなどをそれとなく聞き出すことは可能でしょう。それもまた、メンタルヘルス・マネジメントに必要なコミュニケーションなのです。

現代のように複雑な社会状況においては、「プライベートのことは自分自身で解決しろ」と切り捨てることはできません。とくに高齢化に伴う介護問題などは、社会的な問題でもあり、介護休暇など会社の協力も必要になるのです。

**時代背景、社会状況、業務内容や職場環境まで考慮に入れて、できるだけ社員の状況をブラックボックス化させないこと。リアルなコミュニケーションを重視すること。**そのように考えることが求められています。

# 05 「精神科医」と「産業医」の違い

## 産業医の役割とは

メンタルヘルス・マネジメントを実施するためには、医学的な見地も不可欠です。ただ、人事担当者や経営層が付け焼き刃的に医学を学ぶのは得策ではありません。

最近では、インターネット上でも医学に関する情報を得ることができますが、実務的にまれでめったに起きないことを声高に書き連ねていることが多く、むしろ状況を悪化させてしまうことも少なくありません。

そこで頼りになるのが「**産業医**」です。

産業医とは、事業所において、労働者が健康で快適な作業環境のもとで仕事が行えるよう、専門的な立場から指導・助言を行う医師のことです。労働者数が常時50人以上の事業所には、1名以上の産業医を選任しなければなりません。

厚生労働省『産業医の関係法令』
http://www.mhlw.go.jp/stf2/shingi2/2r98520000000qmvh-att/2r98520000000rytu.pdf

とくに産業医が見ているのは、**従業員が働いている職場を含めた組織全体**です。個々の従業員の役割や役職、雇用契約、組織体系、上司と部下との関係、同僚、取引先、顧客など、幅広い視点からアドバイスするのが産業医の役割となります。

たとえば、ある人がメンタルヘルス不調になってしまった場合、産業医は、その人の病状を加味しつつ、周囲にいる同僚や上司、しいては職場全体に与える影響も考慮に入れてアドバイスをします。上司と部下、同僚、取引先、顧客など、関係者全体にとってより良い方法を模索するのです。特に、**会社が安全配慮義務を履行しているかどうかに、細心の注意を払います**。

安全配慮義務とは、労働契約法第5条（「使用者は、労働契約に伴い、労働者がその生命、身体等の安全を確保しつつ労働することができるよう、必要な配慮をするものとする。」）で規定され、「労働者がその生命、身体等の安全を確保しつつ労働することができるよう、使用者において配慮する義務」を指します。①予見の可能性があること（損害の発生が予見できること。使用者が予見していなくとも、予見できると認定できる場合を含む）、②結果回避義務を果たさなかったこと、③業務との因果関係があることが認められると、安全配慮義務違反として会社は法的責任を負うことになります。

産業医としては、**医学的な見地から、法律を遵守するように、会社の人事担当者や上司などの関係者へ意見を述べる役割**があります。

ここで大事なポイントがあります。前記の①〜③については、会社の上級管理職や人事担当者などが判断することではなく、社外の法律専門家が判断することです。時々、人事担当者が「自分はそう思わないので、大丈夫」と言うことがありますが、それは大きな間違いを起こしています。

一方、**産業医は、主治医（精神科医等）とは役割が異なります**。そもそも主治医が所属しているのは病院であり、治療を依頼するのは患者（本人）で、主治医は患者と治療契約を締結しています。そのため、患者本人が望む、最適な方法で治療およびアドバイスを行

## 図表3　産業医と主治医の違い

| | 産業医 | 通常の医師(主治医) |
|---|---|---|
| 活動場所 | 企業内 | 病院・クリニック |
| 契　約 | 企業との業務契約 | 患者個人との治療契約 |
| 対象者 | 職場で働く健康な人から心身の状態が優れない人まで | 病気の人、受診した人 |
| 業務内容 | 職場環境や健康増進に対する指導、就労上の配慮や就労可否の判断<br>病気と業務の関連性の判断<br>休職・復職判定など<br>診断・治療は行わない<br>（必要な場合は医療機関を紹介） | 検査、診断、治療を行う |
| 立　場 | 中立的 | 患者本人や家族の意見を尊重 |
| 事業主へ | 勧告権あり | 勧告権なし |
| 作成書類 | 意見書 | 診断書 |

うことになります。その際、本人の同意を得ながら治療や検査を進めることが大切ですから、職場で働くことによる周囲への影響などが考慮されることはありません。

一方、産業医は会社そのものと契約を結んでいます。視点としては、患者本人だけでなく、周囲の上司や同僚、部下などの関係者を含む会社全体を俯瞰し、会社の安全配慮義務を履行する観点から最適なアドバイスを提供するのが仕事です。

言い方を変えると、**疾病性（患者本人の訴えや症状など）から最適解を導き出すのが主治医であり、事例性（患者を取り巻く職場関係者や職場環境、雇用契約など）も加味して判断するのが産業医となります。**

このような立場の違いから、産業医と主治医では、意見が異なることも少なくありません。考慮するポイントが異なるために、導き出される答えも自ずと変わるということです。その点をよく理解しておくようにしましょう（図表3）。

## 客観的な判断が難しいメンタルヘルス不調

産業医と主治医が担う役割の違いに加えて、**客観的な判断が難しい**ということも、メンタルヘルス不調への対応を困難にしています。

たとえば、精神科医は、メンタルヘルス不調を訴える患者に対し、診察室で話した内容から病状を推察して診断書を作成します。ただ、メンタルヘルス不調というのは、身体の疾患とは異なり、客観的検査を行い、病気の種類を断定できるものではありません。

高血圧かどうかを知るには、血圧を測ればいいだけです。基準となる数値よりも高ければ高血圧ですし、あまりに低ければ低血圧です。つまり、客観的に判断することが可能です。

しかし、**メンタルヘルス不調はそういった客観的に測定できる検査がありません。**

そういう事情があるにも関わらず、人事担当者や上司が診断書の内容を鵜呑みにしてしまえば、会社としては対応を誤ってしまいかねないでしょう。たしかに本人としてはそれでいいのかもしれませんが、会社としては、より良い対応を模索するべきときもあるのです。

主治医としては、会社のことを考慮するのではなく、患者本人を治すことのみを考えています。会社の事情までは考えません。それは病気の治療とは関係しないからです。主治医としては、治療に必要な情報だけに注目するのは当たり前です。

たとえば、患者本人が主治医に対し、「どうしても仕事に行きたいです」と伝えたらどうなるでしょうか。主治医としては治療を続けてもらうことを優先に考えて、「わかりました。無理をせず出勤してください。ただし、通院は必ず続けてください」とアドバイスする可能性が高いです。しかし、「無理をしないで出勤する」ことで、職場の上司や同僚に、迷惑をかけてしまうことになることはよくあります。

そこで、産業医の存在意義があります。**産業医は患者本人の意向だけでなく、会社全体のことも考えて、会社にとって、患者本人にとって何が良い方法かを判断します。**場合によっては、会社の安全配慮義務を履行するために、患者本人の意向よりも法律遵守を優先して判断することもあります。客観的検査がないメンタルヘルス不調のケースだからこそ、主治医が作成した診断書を鵜呑みにするのではなく、**総合的な状況を考慮して最適解を導き出す役割を担う産業医は、会社にとって不可欠です。**

現代のような社会環境においては、あらゆる企業にとって、産業医は欠かせない存在なのです。

## 個々人の状況も加味して

さらに近年では、**個々人のプライベートな状況も複雑化**しています。

両親の介護、家族や親族との関係性、お金の問題、友人や知人など、仕事以外の部分でも悩みを抱えている人はたくさんいます。そのような複雑な問題を抱えているために、メンタルヘルス不調が顕在化しているケースも、今は珍しくありません。

とくに経済的な問題を伴うメンタルヘルス不調の対処が難しいことが多いです。本人が不調を訴えており、会社としても休ませることができるのであればそれでもいいのですが、本人としては、経済的な基盤が確保されていないと、治療に専念するために休職することができません。とはいえ、無理して勤務すると、病状がさらに悪化し、結果的に経済的に困窮してしまいます。なかなか難しい問題です。

一部の大手企業ならともかく、中小企業の場合、福利厚生などが十分でないこともあります。たとえ会社を休めたとしても、その場合の補償などがなければ、長期にわたって休むことは現実的ではないでしょう。

そのような個々人の状況も加味しつつ、さらには会社全体の状況も考慮に入れてアドバイスできるのは、産業医しかいません。今後はさらに、産業医の役割が求められていくと考えられます。

**会社側の対応としては、やはり未然に予防する、早期に対処することが求められます。**問題がこじれてから対処するのでは遅いのです。現実問題として、社員のメンタルヘルス不調は、組織だけの課題ではなく、社会的な課題にもなっています。

何かある前に、すぐに相談できる環境や対処できる組織作りを進めておくことを、とくに人事関係者や経営層は意識しておくべきでしょう。

会社によっては、人事部門が慢性的な人手不足になっていると思われるところも少なくありません。数年ごとに人事担当者が変わり、メンタルヘルスに関する知識や経験が後任に引き継がれないまま交代してしまう。それでは、現場での適切な対応はできません。

もちろん、人の問題はすぐに解決できるものではありません。「これをすれば解決できる」というものではないのです。

しかし、だからこそ、「**リスクマネジメント**」という発想が大切です。あらかじめ想定されるリスクに対して準備しておくこと。最低限のリスクを許容できる体制を整えておくこと。その上で、ＰＤＣＡ（plan-do-check-act）を回していくのです。

主治医や産業医との関係性も含めて、考えてみてください。

06

# 診断書の病名について

## 病名の分類

メンタルヘルス不調について説明するにあたり、「病名の分類」についても触れておきましょう。

そもそも病名には「大分類」「中分類」「小分類」があります。たとえば、「狭心症」の場合、大分類「循環器系の疾患」、中分類「虚血性心疾患」、小分類「狭心症」となります。

このような病名は、通常、採血やレントゲン、超音波検査、心臓カテーテル検査などの客観的検査によって診断されます。身体的な疾患では、どの医師が診察しても、客観的検査があるため、診断結果はほぼ同じです。ただ、**精神疾患の場合には、客観的検査による**

**判断基準がないために、診察する医師により診断書の病名が異なることがよくあるのです。**

たとえば、「うつ病」の場合、不眠や食欲低下、全身倦怠《けんたい》感、抑うつ感、無気力、不安、焦り、集中力低下、悲観的思想、自責感などの症状が見られます。

ただ、このような症状があったとしても、診察書には「うつ病」ではなく、たとえば「心因反応」という病名で診断されることがあるのです。なぜでしょうか。

その理由としては、客観的検査がないので、限られた診察時間の中で患者が話した内容から診断しないといけないという事情があります。患者自身、教科書的に症状をまとめて話せることはなく、冷静な判断や思考が低下した中で、思い出しながら話すので、診察で同じ訴えをすることは現実的にないため、診断書の病名が変わってしまうことがあります。

また、主治医が患者との信頼関係を維持するため、やむを得ず、診断書の病名を変えることもあります。中分類や小分類の診断名ではなく、大分類の診断名を使用している理由はそこにあります。患者に配慮して「心因反応」という診断名を使用しているのです。

『メンタルヘルス不全の職場復帰支援に関する調査研究（日本職業・災害医学会会誌　2005年）』によると、診断書の診断名について、「主治医が患者の職場での利益を考慮して病名の表現を虚偽でない範囲内で緩和する」と回答した人の数は、実に92・1％に及びます。

つまり、**患者の事情を考慮して、虚偽でない範囲で診断名を緩和しているのが実情**となります。そのため、「うつ病」という診断名を使うのではなく、他の「心因反応」という診断名を使用することもあるのです。

ちなみに、精神科主治医が「うつ」をどのように表現しているかについては、「抑うつ状態」が40・4％、「自律神経失調症」が13・9％、「心身症」が1・8％、「心身疲労状態」が2・1％という結果になりました。いずれにしても、表現を緩和しているのがわかります。

## 診断書の診断名に注意

このことは、主治医の立場で考えてみれば仕方のないことかもしれません。なぜなら主治医は、患者に、治療を継続してもらわなければならないためです。

もし、「そのような診断名なのであれば他の病院に行きます」と言われればどうなるでしょうか。治療を継続し、患者の病状を改善するという医師の役割を果たすことはできません。だからこそ、あくまでも〝虚偽でない範囲内で〟緩和しているという現実的な対応をとってしまうのです。

ただ、そのことが、一般の人にとって誤解を招き、対処を難しくしていることは否めません。とくに人事担当者や経営層の人は、診断名を見て単純に「うつ病ではない」と判断するのは危険でしょう。たとえ聞いたことがない病名であったとしても、そのまま受け取らないようにすることが求められます。

もっとも、本人以外の人が主治医から医療情報を入手するためには、本人の同意を得なければなりません。また、場合によっては主治医から拒否されてしまうこともあるでしょう。その場合には、産業医と連携して対処することをお勧めします。

## 不安を助長する社会環境

現場の対応としては、あまり診断名について深く考える必要はありません。それよりも、人事担当者や経営層として、最適な対応を心がけるべきです。場合によっては、主治医との面会や、産業医との連携も考慮しておきましょう。

主治医と面会する際には、**主治医の立場を理解したうえで、患者の治療を優先させるため、主治医として判断できないことがあることを理解しておく必要があります。**

繰り返しになりますが、主治医は患者と治療契約を締結し、患者から治療費を得ているわけです。その主治医に会社の事情を理解してもらい、患者の納得できない判断を求めることは無理なことなのです。

とくに最近では、インターネットの普及によって、不必要に不安を助長する環境があることも否めません。正しくない情報に踊らされて、病院をコロコロと変えてしまう人もいるほどです。それでは、適切な治療を受けられず、病気を治すことができません。

ただ、診断書の病名が変わったとしても、処方される薬はそれほど変わりません。そのため、インターネットの情報を鵜呑みにしたり、あるいは一般大衆向けの解説書などを参考にするのでもなく、患者としては、実際に診察した医師の指示に従うのが最適です。

もし、どうしても途中で病院を変えたいという場合には、紹介状が必要となります。処方された薬についての情報が引き継がれていないと、いつまで経っても治療は進みません。その点について、注意しておきましょう。

第２章

# 職場のメンタルヘルス不調を未然に防ぐ

# 01 企業におけるメンタルヘルス・マネジメント

## コミュニケーションを阻害する要因

第2章では、企業におけるメンタルヘルス・マネジメントのうち、未然にメンタルヘルス不調を予防するための方策について考えていきます。

第1章で述べた通り、**メンタルヘルス・マネジメントの基本はコミュニケーションにあります**。それも、効率のみを考えたメールでのやりとりではなく、相手の表情や顔色、声、口調なども観察できる対面でのコミュニケーションが欠かせません。

メールで「大丈夫ですか?」と聞いた場合、仮に相手が「大丈夫です」と答えたとしても、その真意はわかりません。本当に大丈夫なときもあるかもしれませんが、もしかしたら、我慢しているだけかもしれないのです。

メールでは、細かなニュアンスが伝わらないため、それが結果的にメンタルヘルス不調を放置することにもなってしまうのです。

また、コミュニケーション不全になる原因には、上司がプレイング・マネジャーとして働いている場合も挙げられます。本来、上司は部下の管理監督をしなければなりません。メンタルヘルス不調の兆候を真っ先に見つけられるのも、やはり上司なのです。

ただ、その上司がプレイング・マネジャーの場合、自分の仕事に追われてしまうこともあるでしょう。会議や出張、営業での外出が多いなど、上司が部下とコミュニケーションを十分にとれない場合、メンタルヘルス不調に気づきにくくなってしまいます。

その他には、企業のグローバル化に伴い、日本の労働法を知らない外国人上司とのやりとりやテレワークによる遠方での勤務、裁量労働制で職場の従業員の勤務時間が同じにならないことなど、コミュニケーションを阻害する要因はたくさんあります。

「ワーク・ライフ・バランス」が重要視されていますが、**上司が従業員の事情に配慮して業務内容や業務量を調整してくれなければ、メンタルヘルス不調への気づきや対策が後手に回る危険性もあるのです。**

とくにメンタルヘルス不調は、上司や人事関係者など、信頼関係のある第三者から指摘されるまで放置されることも多いため、そういう関係者との密度の高いコミュニケーションが欠かせないのです。

## 過度な効率化による弊害

企業の中には、無料の相談窓口を設置しているところもあります。ただ、そういった窓口を設置している会社そのものが少なく、たとえ設置していたとしても、十分機能してメンタルヘルス対策に成果を上げているかどうかは疑わしいところもあります。

なぜなら、相談窓口を設置しておくだけでは、メンタルヘルス・マネジメントとして不十分なことが多いからです。メンタルヘルス不調に陥っている人は、自ら相談できない傾向が多いことはよくあります。メンタルヘルス不調になっていると、思考力や判断力が低下し、自分の体調不良を自覚することができず、相談窓口へ連絡しようと思わない場合が多いのです。

本来であれば、普段の業務内やミーティング、業務改善提案、人事評価など、仕事の中でメンタルヘルス・マネジメントを行える環境を整えておくことがベストです。少なくとも、「相談窓口を設置しておけば大丈夫」ということはあり得ません。

業務の効率化だけを考えるのであれば、朝礼や定例ミーティングは不要だと思うこともあるでしょう。しかし、それらもメンタルヘルス・マネジメントの一環なのです。

朝礼時に社員の体調の変化を見つけたり、定例ミーティングの発言を観察できたりして、そういう日常的な確認がメンタルヘルス不調を発見するきっかけとなります。

それがもし、「業務上、必要ないからやめる」「連絡はメールだけで行う」ようにしてしまえば、メンタルヘルス不調を発見するための芽を摘んでしまうことになりかねません。

それは、メンタルヘルス・マネジメントのあり方として好ましくありません。

メンタルヘルス・マネジメントの基本がコミュニケーションにあると理解していれば、売上や利益に直結した部分だけでなく、「**社員の健康管理**」という視点からも継続して行うかどうかを判断できるようになるはずです。

**過度な業務の効率化は、メンタルヘルス・マネジメントにとってマイナスになる可能性があると認識しておきましょう。**

## 職場環境を整える

社内でメンタルヘルス・マネジメントを実践するには、まず、**職場環境を整える**ことからはじめましょう。

職場環境を整える際には、**メンタルヘルス不調を発生させる要因を職場から取り除く**ことを意識してください。

たとえば、職場のレイアウトや作業方法、組織体系、コミュニケーション方法、勤務形態など、メンタルヘルス不調が発生する要因となりそうなものについては、随時改善していきます。

平成16年度の厚生労働科学研究費補助金事業である「職場環境などの改善方法とその支援方策に関する研究」では、『職場環境等改善のためのヒント集』が発表されています。主に、以下の６つの領域から構成されています。

### ・作業計画の参加と情報の共有

- **勤務時間と作業編成**
- **円滑な作業手順**
- **作業場環境**
- **職場内の相互支援**
- **安心できる職場のしくみ**

『職場環境等改善のためのヒント集』
http://mental.m.u-tokyo.ac.jp/jstress/ACL/

このような項目から、職場環境改善のための方策を検討してみるのも有効です。仕事上のストレスを少しでも軽減することができれば、メンタルヘルス不調の予防につながります。衛生委員会や定例ミーティングなどで、日常業務を行う際に社員からの要望を聞きながら、現実的に行いやすい改善事項から少しずつ継続的に行うことをお勧めします。

**トップダウンとボトムアップをうまく組み合わせながら、労使が協調して、会社の環境整備を進めていきましょう。**

# 02 間違いだらけの現場対応

## 裏目に出る社員への配慮

社内で闇雲にメンタルヘルス・マネジメントを実施しようとすると、裏目に出てしまう場合もあります。上司は「よかれ」と思ってやっていても、それが結果的に部下のメンタルヘルス不調を助長していることも少なくありません。

たとえば、休みがちな部下に対して、上司が「うちは裁量労働制だから、ちょっとくらい遅く出勤してきても良いよ」とアドバイスした場合、体調がさらに悪化してしまうこともあります。「相手に配慮しているのになぜ」と思われるでしょうか。

医学的な観点で考えると、メンタルヘルス不調の方は、一般的に寝つきが悪くなり、睡眠を十分とれず、そのため朝が起きづらくなり、起床時刻が遅くなり、生活リズムが乱れてきます。しかも、裁量労働制のために、たとえ遅く出勤してきたとしても、会社の定めた勤務時間を表面上守っているので、上司や人事担当者に指摘されたり注意されることはありません。その結果、メンタルヘルス不調がますます悪化していきます。また、不調が進行すれば、その分、思考力や判断力が低下してきますので、業務量が変わらなくても、本人への実質的な負担が増えてきて、余計に不調が悪化してきます。

このとき、多くの場合、メンタルヘルス不調の社員としては、「仕事のせいで体調が悪化している」と思い込んでしまう危険性が高いということです。会社としては配慮しているつもりなのに、体調は悪化し、しかも社員自身は仕事のせいで不調になっていると考えてしまう。こういうケースは意外に、どこの会社でも起こりやすい事象です。

しかも、周囲の人は、「他の社員より遅れて出社しているのに、いつまで治らないのだろう」とイライラしてしまいます。そうなると、職場環境が悪化し、本人はさらに悪性のストレスを溜め込むことになります。上司や同僚との人間関係もこじれてしまうでしょう。それが余計に病状の悪化を引き起こします。

本来、**メンタルヘルス不調を治すには「休む」のが一番です**。休むとは、休暇をとるということだけにとどまらず、しっかりと睡眠・休息をとり、生活リズムを規則正しくするということです。休暇をとっているのに、スマートフォンやタブレットPC、携帯電話などをいじったり、ゲームなどをしたりして、遊びに行っていては治るものも治りません。

**病気休暇や病気による休職を従業員が取得できる理由を正確に理解している方は、意外に少ないようです。**管理職でも、うまく説明できない人が見受けられます。

本来、会社に採用されるということは、会社と社員が労働契約を締結することを意味します。労使双方が「労働契約をお互いに守ります」と約束していることです。しかし、病気を理由に社員が労働契約を守れなくなった場合、本来は、労働契約が終了することになるわけですが、社員本人がわざと守っていないのではなく、病気のせいで守れないので、会社としては、「労働契約の終了を一時的に保留にしましょう、その代わり、社員自身は会社を休んでいる間に、病気を治して、労働契約が守れるようにしてください」という約束で、病気休暇または病気による休職が認められていることは、ぜひ押さえていただきたいと思います。

裁量労働制の例を挙げたように、**素人判断でメンタルヘルス不調に対処するのは危険**です。逆効果を生む可能性があることも考慮して、産業医などの専門家に相談するなど、正しい対応を心がけてください。インターネット上の情報を参考にして対応するのも危険です。

真面目な人ほど、誰にも相談せず、自分で対処しようとして、その結果、裏目に出てしまうことがあります。**上司や人事担当者は、自ら相談できる環境を構築して、メンタルヘルス不調らしいと思われる社員を発見したら、すぐに相談するよう努めることです。**

時々、メンタルヘルス不調と自分で確信できるまで様子を見て何もしない上司や管理職がいますが、それはよくありません。メンタルヘルス不調の疑いがあれば、すぐに相談しましょう。

少なくとも、相手がメンタルヘルス不調であると気づかずに頭ごなしに声を荒げて叱るなどということがないようにしましょう。職場環境をきちんと整えておけば、気づくことはできるはずです。

ただ、メンタルヘルス不調の人に注意する際には、「今月は○日遅刻をしました。来月からは遅刻せずに、朝8時30分には仕事に取り掛かれるようにしてください」と事実に基づいて具体的に話すことは「叱責」に当たりません。「注意してはいけない」と勘違いしないようにお願いします。

もし、遅刻を注意しても遅刻が続く場合は、「○月も遅刻をしないように話しましたが、○月も遅刻を○回しています。注意しても改善できないのは心配なので、念のため、産業医と面談して体調を確認してください。遅刻の件は、事前に産業医に話しておきます」と言いましょう。

## 本人に自覚がない場合も

メンタルヘルス不調の人は、あからさまに体調が悪いように見えるとは限りません。むしろ、いつも以上に仕事に気合いが入っているように見える場合もあります。

いつもは静かな人が気合いを入れて仕事をしていると、上司は「やる気になってくれてうれしい」と思うかもしれません。しかし、普段から静かな人が、気合いに燃えている段階で少し注意が必要なのです。

それはまさに、〝**小さな変化**〟と言えるでしょう。いつも元気な人が元気でなくなった場合だけでなく、いつも静かな人が明るく元気になった場合も注意が必要です。**メンタルヘルス不調になると、普段の性格や行動が反転することを知っておく必要があります。**

　また、職場では普通に見える人でも、徐々に私用で休みがちになったり、急にまとめて休みをとったりしている場合も、メンタルヘルス不調を疑って2～3カ月間様子を見た方がいいでしょう。

　そのとき、上司や人事担当者は、「まあ、ちょっとしたことだからいいか」と考えてはいけません。**その「ちょっと」がメンタルヘルス不調を放置するきっかけになるのです。**

　加えて、本人に自覚がない場合も少なくありません。「ちょっと腰が痛い」「少し頭が痛くて」など、身体の不調を訴えることはあるかもしれませんが、それがまさか精神疾患とつながっているとは誰も考えません。

　周囲の人も、メンタルヘルス不調だとは気づかず、「通院して治療をしているみたいだけど、いつになったらよくなるのかな?」などと思ってしまいます。そうなると、職場の人間関係にも影響します。それだけ、メンタルヘルス不調とは、気づきにくいものなのです。

　もちろん、性格的な問題もあります。忍耐強かったり口数の少ない人は、たとえ体調が悪くても、それを表に出そうとはしません。それがかえって誤解を招くこともあるでしょう。そのような事態も考慮して、相手の性格も勘案しつつ、産業医や保健師などの専門家に相談し、対処することが必要です。くれぐれも自分勝手に判断をすることは避けましょう。

## まずは正しい知識を身につけること

メンタルヘルス不調の兆候がある人に対して、「どんな言葉をかければいいのかわからない」と感じている人もいるでしょう。「叱ってはいけない」「励ましてはいけない」などと考えているうちに、話しかけない方が安全だと思ってしまうこともあるかもしれません。どう対処していいのかわからないために、放置してしまう。「しばらく様子を見ておこう」と思ったものの、気がつけば数年経っているというケースもあります。それで、もし上司や本人が異動になってしまえば、問題の解決につながりません。

最初から「面倒くさい」「煩わしい」と思って対処しないのは言語道断ですが、何をしていいのかわからずに、結果的にそのままにしてしまうというのも、対応としては同じです。責任をたらい回しにするのもいけません。

たとえ医療知識がなかったとしても、メンタルヘルス不調が疑われる段階で、本人と話をすることはできるはずです。問題が大きくなってから対処するのではなく、**事前にコミュニケーションの密度を高めていく。信頼関係を構築するための努力をする。**それだけでも、メンタルヘルス不調の悪化を予防できる可能性があります。

普段からコミュニケーションをとっていない上司の場合、部下へのアプローチをためらう人もいますが、部下と話し合うことも上司の仕事です。本人に対して、「**あなたの体調を心配している**」と伝えるだけでもいいのです。

その際、「朝、定時に出勤できなければフレックス制度を利用して遅く出社してもよい」などという余計な配慮は不要です。「メンタルヘルス不調であることが発覚すれば、社員の将来を傷つけてしまうかもしれない」と考える必要はありません。むしろ、**そのまま放置することが、会社の安全配慮義務に違反することになり、結果的に社員の体調を悪化させ、社員並びに社員の家族からクレームを言われることと理解しましょう。**

適切な対応がわからない場合、産業医や保健師に対応の仕方について相談するという方法もあります。いずれにしても、「**まずは不調が疑われる社員へ話をする**」という行動に移すようにしてください。

言葉のかけ方や注意の仕方としては、以下の点を押さえておきましょう。

**①「病気っぽい」「メンタルヘルス不調のようだ」「うつっぽい」「おかしい」「精神的」とは言わない。身体の症状を話したら、それを中心にして話す**

**②具体的な事実を挙げて、話の目的を明確に言う**

**（良い例）**「今月は、私用で午前半休を2回取得していたね。体調が心配なので、話を聞きたいのですが、30分程度時間がとれますか？」

**（悪い例）**「また、午前半休をとったの。困るな。他の社員へ影響を与えるから、そういうのは止めてくれる？　この会社に入って何年経つの？　中堅社員なのだからしっかりしてもらわないと困るよ。そういえば、先日の書類、間違いが多かったな。新入社員みたいなミスはやめてよ……」

**③注意することは具体的に明確に言う**

**（良い例）**「朝定時の8時30分に仕事が始められるよう、それまでに出勤するようにしてください。体調が悪ければ、正直に8時30分までに連絡してください。私はいつも8時には出社していますので8時から8時30分までの間に連絡をお願いします。ただ、よほど緊急の理由ではない限り、当日ではなく、2~3日前には休むことを連絡してください」

**（悪い例）**「この前、午前に半休を取ったでしょう。困るね。しかも、休む当日にメールで休みますと連絡するだけなんて。それは非常識でしょう。いい加減にしてよ。先月も同じことをしたでしょう。給与をもらって働いているわけだから、社会人としての自覚が足りないんじゃない……」

**（良い例）**「○○さん、この書類ですが、△の部分が記載ミスです。「××」ではなく、「……」と修正してください。この書類は他の部署へ○日の○時までに送らないといけないので、○日の○時までに修正したものを私までに送ってください」

**（悪い例）**「○○さん、この書類、△の部分が間違っています。これくらいのことをミスするのは止めてくれる！　この仕事を何年やっているの。いい給与をもらって、こんなミスをするのは信じられないね。はい、すぐに訂正して提出！」

## ④自分なりのアドバイスをすぐに話さない

**（良い例）**「そうか、午前に半休をとっていたのは、朝、頭痛がひどくて会社に来れなかったためであることはよくわかりました。体調が心配だね。産業医が月1回訪問しているから、一度相談してみてください。私から、あなたの状態については話しておくから。産業医に相談して良かったという他の社員の話も聞いているし、一度相談してみてください。日程については、後で連絡します。相談できるよう、仕事は私のほうで調整します」

**〈悪い例〉**「そうか、午前に半休をとっていたのは、朝、頭痛がひどかったからなんだ。私も、昔、そういうことがあったね。私の場合、痛み止めを飲んで治ったから、痛み止めを飲んでみたらいいんじゃない。酒の飲みすぎかもね。酒は控えたほうがいいよ……」

悪い例で挙げたように、何も考えずに対応していると、「パワーハラスメント」と言われる危険性があります。

ちなみにパワーハラスメントとは、同じ職場で働く者に対して、職務上の地位や人間関係などの優位性を背景に、業務の適正な範囲を超えて、精神的・身体的苦痛を与えたり、または職場環境を悪化させる行為とされています。筆者の経験では、最近では、パワーハラスメントに関する教育が徹底されているため、遅刻や仕事のミスなどの問題行動に対して、きちんと注意しない管理者がむしろ増えてきているような気がしています。

メンタルヘルス不調の予防策としては、**各社員に対し、普段から自分自身のストレス・**

**マネジメントを勧めておく**と無駄がありません。一例として、以下の点について周知させておきましょう。

・家庭とのコミュニケーションを大切にする
・問題は早く解決・相談する（自分だけで抱え込まない）
・バランスのいい生活を心がける（1日6～8時間寝る、1日2～3食とる、一口に30回噛む、食事の栄養バランスを考える、風呂で湯船につかる、1日30分歩く、など）
・付箋や日記に書き出すことで、仕事と仕事の区切りをつける（付箋や日記の活用）
・健康診断を毎年受け、必要な治療や検査をする

# 03

# 厚生労働省の指針とは（「労働者の心の健康の保持増進のための指針」）

## メインとなる4つの指針

厚生労働省では、２００６年（平成18年）３月に「労働者の心の健康の保持増進のための指針」を策定しています。これは、労働安全衛生法に基づき、事業者が事業場において講ずるよう努めるべき措置について定めたものです。

その内容は、労働者の心の健康の保持増進に着目されています。まず、「メンタルヘルスケアの基本的な考え方」について、以下の「４つのケア」を掲げています。

### ①セルフケア

・ストレスやメンタルヘルスに対する正しい理解
・ストレスへの気づき
・ストレスへの対処、など

**②ラインによるケア**

・職場環境などの把握と改善
・労働者からの相談対応
・職場復帰における支援、など

**③事業場内産業保健スタッフなどによるケア**

・具体的なメンタルヘルスケアの実施に関する企画立案
・個人の健康情報の取扱い
・事業場外資源とのネットワークの形成やその窓口
・職場復帰における支援、など

## ④事業場外資源によるケア

・情報提供や助言を受けるなど、サービスの活用
・ネットワークの形成
・職場復帰における支援、など

その上で、「心の健康づくり計画」の策定を提案しています。盛り込むべきとされている項目は、以下の7項目です。

①事業者がメンタルヘルスケアを積極的に推進する旨の表明に関すること
②事業場における心の健康づくりの体制の整備に関すること
③事業場における問題点の把握及びメンタルヘルスケアの実施に関すること
④メンタルヘルスケアを行うために必要な人材の確保及び事業場外資源の活用に関すること
⑤労働者の健康情報の保護に関すること
⑥心の健康づくり計画の実施状況の評価及び計画の見直しに関すること

⑦その他労働者の心の健康づくりに必要な措置に関すること

厚生労働省「職場における心の健康づくり」
http://www.mhlw.go.jp/new-info/kobetu/roudou/gyousei/anzen/dl/101004-3.pdf

## 事業場内産業保健スタッフ

ちなみに、「事業場内産業保健スタッフ」とは、「産業医」「衛生管理者」「保健師」「心の健康づくり専門スタッフ」「人事労務管理スタッフ」「事業内メンタルヘルス推進担当者」を指しています。

これらの役割を担う人は、あくまでも事業場内の産業保健スタッフとなります。つまり、産業医も衛生管理者も、あるいは人事労務管理スタッフも、お互いが協力してメンタルヘルス・マネジメントに従事しなければならないということです。

まずは、自らの事業場内でメンタルヘルス・マネジメントを実施する。その上で、外部の事業外支援によるケアについても検討する。そのような姿勢が求められます。

また、具体的なメンタルヘルスケアの流れは、「心の健康づくり計画の策定」「衛生委員会における調査審議」に加えて、以下の4段階で構成されています。本書の内容とあわせて参考にしてください。

**①メンタルヘルスケアの教育研修・情報提供（管理監督者を含む全ての労働者が対応）**
**②職場環境等の把握と改善（メンタル不調の未然防止）**
**③メンタルヘルス不調への気づきと対応（メンタル不調に陥る労働者の早期発見と適切な対応）**
**④職場復帰における支援**

厚生労働省「職場における心の健康づくり」
http://www.mhlw.go.jp/new-info/kobetu/roudou/gyousei/anzen/dl/101004-3.pdf

## 外に丸投げしていては解決しない

前述の「4つのケア」のうち、とくに「事業場外資源によるケア」について簡単に補足しておきます。なお、事業場外資源の代表例としては、EAP（Employee Assistance Program）というものがあります。

その他、「情報提供や助言を受けるなど、サービスの活用」「ネットワークの形成」「職場復帰における支援」など、事業場外資源によるケアには様々な方法がありますが、いずれにしても丸投げしてはいけません。

たとえば、外部に電話相談室の設置を依頼し、カウンセリングを受けられるようにしても、本人から「会社には伝えないでください」と言われてしまえば、対処のしようがありません。個人的な問題であれば、会社は知る必要はありませんが、職場の人間関係や業務にかかわる問題であれば、会社が知らないと問題解決にはつながりません。

つまり、外部に依頼する場合、社内のことまで責任を負ってくれるわけではないのです。その結果、メンタルヘルス不調を根本的に解決できない場合があります。責任の所在があいまいなために、丸投げしていてはダメなのです。

加えて、個人情報の取り扱いなどにも問題があります。本人の同意がなければ伝えられない場合もあり、外部のスタッフができることには限界があるのです。

ですので、**事業外資源によるケアに関しては、丸投げするのではなく、あくまでもサポートとして考えておいた方がいいでしょう**。最終的に社員の責任をとらなければならないのは会社です。その点を誤解しないようにしてください。

事業場外資源によるケアがうまく活用されている例としては、定期的にＥＡＰ会社が会社の人事担当者と定期的にミーティングをして、情報交換をしながら対応しているところがあります。参考にしてください。

# 04 国の取り組みと法整備

## メンタルヘルス対策における国の取り組み

警察庁の「自殺統計」によると、１９９８年（平成10年）にはじめて3万人を超えた自殺者は、２０１２（平成24年）に3万人を下回り、２０１３年（平成25年）は2万７２８３人となりました。この数字は、前年に比べて５７５人（２・１％）の減少ですが、未だ高い水準であることは間違いありません。

また、職業別で見てみると、「被雇用者・勤め人」は７２７２人で全体の26・7％を占めています。実に全体の３割近い人が労働者ということになります。

加えて、職業生活でのストレス等の状況においても、「強い不安、悩み、ストレスが労働者」の推移は例年5割を超えており、平成24年度は60・9％となっています。依然として、高水準で推移しているのです。

このような状況を踏まえて、国としても、とくに労働者向けのメンタルヘルス対策に取り組んでいます。

すでに紹介した「労働者の心の健康の保持増進のための指針」では、「衛生委員会での調査審議」「事業内体制の整備」「教育研修の実施」「職場環境等の把握と改善」「不調の早期発見・適切な対応」「職場復帰支援」を掲げています。

また、「事業場の取組を支援する施策」としては、「Ⅰ　都道府県労働局・労働基準監督署による事業場に対する指導等の実施」「Ⅱ　全国の『産業保健活動総合支援事業』による事業場の取組支援」「Ⅲ　その他のメンタルヘルス対策の実施」があります。

## その他の活動について

２００６年（平成18年）３月に策定され、２０１１年（平成23年）２月に改正がなされている「過重労働による健康障害防止のための総合対策」では、以下のような概要が示されています。

「過重労働による健康障害（脳・心臓疾患や精神障害等の疾病）を防止することを目的として、事業者が講ずべき措置を定めるとともに、当該措置が適切に講じられるよう、国が行う周知徹底、指導等の所要の措置をとりまとめたもの。」

具体的な内容としては、以下のような成果を掲げています。

**①時間外・休日労働時間の削減**
**②年次有給休暇の取得促進**
**③労働時間等の設定の改善**
**④労働者の健康管理に係る措置の徹底**
**○産業医の選任時の健康管理体制の整備、健康診断及びその事後措置の実施等**
**○長時間にわたる時間外・休日労働を行った労働者に対する面接指導等**

## ○過重労働による業務上の疾病を発生させた場合の原因の究明及び再発防止の徹底

その他にも、「長時間労働者等に対する面接指導制度」や「心の健康問題により休業した労働者の職場復帰支援の手引き」などを用意し、メンタルヘルス対策・支援体制を充実させています。

また、平成25年度から5年間実施される「第12次労働災害防止計画」には、「メンタルヘルス関係施策」も盛り込まれており、「平成29年までにメンタルヘルス対策に取り組んでいる事業場の割合を80％以上とする」「平成29年までに週労働時間60時間以上の雇用者の割合を30％以上減少させる（平成29年／平成23年比）」などの目標が掲げられています。

このように、国によるメンタルヘルス対策も徐々に進んでいるのが現状です。

## 労働安全衛生法改正にともなう「ストレスチェック制度」の創設

労働安全衛生法の改正にともない、２０１５年（平成27年）12月1日から「**ストレスチェック制度**」の導入が義務化されました。詳しくは第5章で触れていますが、ここでも簡単に紹介しておきます。

まずは、ストレスチェック制度の概要についてみてみましょう。以下のとおりです。

- **労働者の心理的な負担の程度を把握するための、医師、保健師等による検査（ストレスチェック）の実施を事業者に義務づける。ただし、従業員50人未満の事業場については当分の間努力義務とする。**
- **ストレスチェックを実施した場合には、事業者は、検査結果を通知された労働者の希望に応じて医師による面接指導を実施し、その結果、医師の意見を聴いた上で、必要な場合には、作業の転換、労働時間の短縮その他の適切な就業上の措置を講じなければならないこととする。**

50人未満の事業場については努力義務であるものの、ストレス状態をチェックする制度を創設したことについては意義があると考えられます。とくに、**個々人がストレスについて確認する**ということは、メンタルヘルス・マネジメントにおいても重要なポイントです。

もちろん、ストレスチェック制度はまだスタートしたばかりなので、その評価は一概にできません。会社側としては、本人の同意がなければ結果を閲覧することができないなど、運用上の問題点もあります。

大切なのは、いかにストレスチェック制度を活用し、メンタルヘルス不調を減らすことができるかということです。いずれにしても、本人はもちろんのこと、会社として、あるいは上司や人事担当者、経営者が活用する姿勢が求められるでしょう。

ストレスチェック制度の意義については、第5章でも改めて解説します。

厚生労働省『職場におけるメンタルヘルス対策の推進について』
http://www.mhlw.go.jp/file/05-Shingikai-10901000-Kenkoukyoku-Soumuka/0000060315.pdf

# 05 衛生委員会の活用

## 衛生委員会とは

厚生労働省が策定している「労働者の心の健康の保持増進のための指針」には、「**衛生委員会**」という言葉が登場します。衛生委員会とはどのような委員会であり、どのような役割を担うところなのでしょうか。

労働安全衛生法に基づき、一定の基準に該当する事業場では、衛生委員会を設置しなければならないと定められています。

衛生委員会を設置しなければならない事業場とは、以下のとおりです。

（1）衛生委員会を設置する基準……常時使用する労働者が50人以上の事業場（全業種）

（2）委員の構成

1 総括安全衛生管理者又は事業の実施を統括管理する者等（1名）

2 衛生管理者

3 産業医

4 労働者（衛生に関する経験を有する者）

※ 1以外の委員については、事業者が委員を指名することとされています。なお、この内の半数については、労働者の過半数で組織する労働組合がある場合は、その労働組合（過半数で組織する労働組合がない場合は労働者の過半数を代表する者）の推薦に基づき指名しなければなりません。

（3）調査審議事項

1 労働者の健康障害を防止するための基本となるべき対策に関すること

2　労働者の健康の保持増進を図るための基本となるべき対策に関すること
3　労働災害の原因及び再発防止対策で、衛生に関すること
4　前三号に掲げるもののほか、労働者の健康障害の防止及び健康の保持増進に関する重要事項（※）

※　労働者の健康障害の防止及び健康の保持増進に関する重要事項とは、下記の内容です。

1　衛生に関する規定の作成に関すること。
2　厚生労働大臣が公表する技術上の指針（安衛法第28条第1項）の危険性又は有害性等の調査及びその結果に基づき講ずる措置のうち、衛生に関すること。
3　安全衛生に関する計画（衛生）の作成、実施、評価及び改善に関すること。
4　衛生教育の実施計画の作成に関すること。
5　法定の化学物質の有害性調査（安衛法第57条の3第1項、第57条の4第1項）並びにその結果に対する対策の樹立に関すること。
6　法定の作業環境測定（安衛法第65条第1項、第5項）の結果及びその結果の評価

に基づく対策の樹立に関すること。

7 定期的に行われる健康診断、臨時の健康診断、自ら受けた健康診断および法に基づく他の省令に基づいて行われる医師の診断、診察又は処置の結果並びにその結果に対する対策の樹立に関すること。

8 労働者の健康の保持増進を図るため必要な措置の実施計画の作成に関すること。

9 長時間にわたる労働による労働者の健康障害の防止を図るための対策の樹立に関すること。

10 労働者の精神的健康の保持増進を図るための対策の樹立に関すること。

11 厚生労働大臣、都道府県労働局長、労働基準監督署長、労働基準監督官又は労働衛生専門官から文書により命令、指示、勧告又は指導を受けた事項のうち、労働者の健康障害の防止に関すること。

（4）注意事項

① 毎月一回以上開催すること。

② 委員会における議事の概要を労働者に周知すること。

③ 委員会における議事で重要なものに係る記録を作成し、これを3年間保存すること。

厚生労働省・都道府県労働局・労働基準監督署
http://www.mhlw.go.jp/new-info/kobetu/roudou/gyousei/anzen/dl/0902-2a.pdf
「衛生委員会について教えて下さい。」厚生労働省
http://www.mhlw.go.jp/seisakunitsuite/bunya/koyou_roudou/roudoukijun/faq/10.html

## うまく機能しているかどうかは、会社により差がある

このように、衛生委員会の活動は月に1回となっていますが、その機能性については疑問視されている部分もあります。産業医として会社を訪問すると、衛生委員会メンバーが「何をどうしていいのかわからない」ということがかなり多いのです。

法律的には、会社側の代表者と労働者側の代表が、職場の衛生管理や従業員の健康管理などについて話し合う場となります。ただ、思うように議論が盛り上がらず、数分で終わってしまう場合もあるようです。つまり、丁寧な議論が行われていないのです。

本来の趣旨としては、現場での改善要望を率直に話し合うべきなのですが、会社の事情でなかなか実施できないこともありますし、忙しい日常業務の合間を縫って行うことが多いので、職場の衛生管理や従業員の健康管理について、事前に議題を用意することが難しいこともあります。

労使双方が権利ばかりを主張していては、有意義な議論はできません。だからといって、形だけの議論をしていても意味はないでしょう。できることなら、**現場の社員が率直に感じたことをざっくばらんに話して、現実に即した改善方法をお互いに考えて言いたいことをきちんと言える環境を構築するべきです**。

また、**衛生委員会の議題を準備する時間を確保することも重要**です。筆者としては、毎年実施されている定期健康診断結果が衛生委員会で活用されていることが少ないと思っています。「検査項目で何名が正常範囲を超えたか」という情報ではなく、毎年、「従業員の平均血圧がどのように変化しているか、肥満の方はどのように変化しているか」などを取りまとめて、衛生委員会で発表したほうが良いと思います。しかし、取りまとめるには時間がかかるので、そのようなことができていない企業が多いと思います。

衛生委員会は会社の売上を伸ばすことには直結しませんが、職場の衛生管理や従業員の健康管理を向上させることは、職場の生産性を向上させることによい影響を与えます。

もっとも、各社に任せられている部分も多いので、経営層や人事担当者としては、いかに効果的に運用できるかを検討することが求められます。やはり、**義務的に短時間で終わらせてしまうのではなく、有意義な時間にするよう工夫が必要でしょう。**

06

# 相談窓口の設置

## 相談窓口設置の意義

企業の中には、社内に「相談窓口」を設置している会社もあります。相談窓口を設置することによって、メンタルヘルス不調の疑いがある人は相談することができ、企業としては早期発見につなげることができるようになります。

ただ、相談窓口を設置するだけでは、社内のメンタルヘルス・マネジメントとして十分であるとは言えません。なぜなら、本当に相談するべき人ほど、自ら相談に来ようとしないからです。正確に言うと、**相談すべき体調になっていると自覚していないことが多い**からです。

本来であれば、相談するように勧める環境がなければなりません。メンタルヘルス不調とはどのようなものなのかを周知し、必要があればきちんと社内・社外窓口に連絡する。人事担当者や上司がメンタルヘルス不調を疑われる社員を見つけたら、その社員に相談窓口に連絡することを勧める。社員本人が相談窓口に連絡することをためらう場合は、人事担当者や上司が相談窓口へその社員の対応について相談する。それが社内において最適な対処である、と理解してもらう必要があるのです。

よくある間違いは、相談窓口を設置した後、放置しているというものです。相談窓口を設置するというのは、あくまでも対応の一つでしかありません。結局のところ、相談窓口を利用しやすい環境を構築し、社員が積極的に活用してくれるようにしなければ意味がないのです。

たとえば、人事担当者がそのような環境を構築し、社内に周知させたり、あるいは上司が部下に対して勧められるようにしたりするなど、工夫できることはたくさんあります。それをせず、**ただ相談窓口を設置するだけでは、根本的な解決にはつながらない**のです。

すでに述べてきたとおり、メンタルヘルス・マネジメントの基本は社内のコミュニケーションにあります。相談窓口もまた、社内のコミュニケーションを円滑にするために活用しなければなりません。

**社員たちの自由意志に任せているだけでは上手く回らない**ということを、覚えておきましょう。

## 相談しやすい環境作り

注意すべきなのは、**相談窓口について変な先入観を抱かせないようにする**ことです。

たとえば、「あそこの相談窓口に連絡をとると、病人扱いされる」などのような先入観です。そのような噂が社内に蔓延《まんえん》してしまえば、誰も積極的に相談窓口を活用しようとは思わないでしょう。ある意味では、病気の有無とは無関係に、気持ちよく気軽に利用してもらうための啓蒙も必要です。

また、プライバシー保護にきちんと配慮するのは言うまでもありません。「誰が相談しても、その内容が本人の意に反して外に出ることはない」と周知しておくことが大切です。そうしなければ、積極的に利用してもらえません。

ただし、会社の安全配慮に関わる内容やコンプライアンス（法令遵守）に抵触する内容については、相談窓口側が会社へ連絡する必要性を十分説明しなくてはならないことは、理解しておきましょう。

端的な例で言えば、社員が「死にたい」と訴えてきて、しかも「相談した内容を絶対に会社へ言わないでくれ」と言われた場合、相談窓口側は、本人の同意が得られなかったからという理由で、そのことを会社へ連絡しないということを絶対してはいけません。社員の安全の確保は、会社の安全配慮義務に関わることですから、社員には会社への連絡の必要性をしっかり話して、会社へ必要な内容を連絡する必要があります。これは、個人情報保護法に抵触しません。

あとは、相談窓口を利用したことによって改善した事例を、衛生委員会や社内報などで公表するのもいいでしょう。すぐに利用者が増えるということはありませんが、相談窓口の意義を理解してもらうためのきっかけになります。

産業医が定期的に訪問している会社であれば、産業医を交えてその運用方法について話し合うのも効果的です。社員とは違った視点からの意見も加えることで、より効果的な運用方法が見つかる可能性もあります。

いずれにしても、**相談窓口の活用については定期的にミーティングを行い、お互いに意**

**見交換をして、利用を促していくこと**です。「無料だから利用してもらえる」と思わずに、一手間を加えていきましょう。

## メンタルヘルス対策の基本

社内のメンタルヘルス対策としては、相談窓口をメンタルヘルス・マネジメントの基軸とするのではなく、**あくまでも一つの施策**として運用することが大切です。社内で基本的なメンタルヘルス対策を実施しつつ、相談窓口を一つの受け皿にするべきでしょう。

社内のメンタルヘルス対策について改めて確認しておくと、

**「上司と部下とのコミュニケーション」**
**「社員同士のコミュニケーション」**
**「社員の生活状況・健康状態・勤務状況の把握」**
**「仕事上のストレス軽減」**
**「仕事量と体調のバランス」**
**「業務の進捗状況の確認」**

**「衛生委員会などでの職場環境改善や健康管理に関する話し合い」**
**「定例ミーティング」**
**「人事評価面接」**

などが挙げられます。

たとえば、普段から上司や部下、同僚同士の声がけや雑談ができている社内では、メンタルヘルス不調を早期に発見しやすくなります。自然に雑談ができていれば、不調になってしまった人がいた場合、それと気づくことができるのです。相談窓口の活用も自然に促されることでしょう。

あるいは、社員の生活状況・勤務状況を把握していたり、仕事上のストレスや業務量のバランス、業務の進捗状況を確認していたりすれば、不用意にメンタルヘルス不調を悪化させてしまうこともなくなるはずです。予防に勝る治療はありません。その点を忘れないようにしましょう。

メンタルヘルス不調の兆候や、ストレスとうつ病の関係などは、第3章でも詳しく解説していきます。

## 07 従業員・人事担当者・管理職の周知徹底

### 周知徹底はＰＤＣＡで

メンタルヘルス・マネジメントを社内に周知徹底していくには、「**ＰＤＣＡ（plan-do-check-act）サイクル**」を回すことが欠かせません。

ＰＤＣＡサイクルとは、「**計画、行動、確認、改善**」を繰り返すことです。そのようにして、社内にメンタルヘルス・マネジメントを浸透させていきます。

たとえば、相談窓口の利用方法を社員に伝えつつ、実際に利用した人の事例を収集し、うまく活用できた事例や、そうでなかった事例を管理者や人事・労務担当者にフィードバックする。そうすることで、より利用してもらえる環境を構築できるようになります。

もちろん、氏名など個別のプライベートな情報を開示するのは難しいでしょう。ただ、メンタルヘルス・マネジメントそのものをブラックボックス化してしまうと、いつまで経ってもPDCAサイクルを回すことができません。学びも改善もないのです。事例そのものを収集しなくても、年間に精神疾患で休職した日数を合計して、最近3～5年間の休職日数の合計の変化を確認することでも構いません。相談件数でもよいと思います。

前述のような方法で、改善のためのPDCAサイクルを回していきます。結局は、**普段の仕事の進め方と同じ**です。**改善活動なしに、メンタルヘルス・マネジメントがうまくいくことはありません**。

## 開示できることは開示する

相談窓口に関して言えば、相談件数を収集することは問題なくできるはずです。その中で、相談内容ごとに割合を出し、どのような悩みが多いのかを知ることは職場環境改善やメンタルヘルス対策の見直しにつながることでしょう。

ただ、改善した結果がすぐに会社の数値として表れないということは、あらかじめ想定しておくべきです。たとえば、メンタルヘルス・マネジメントを実施したからといって、精神疾患による休職日数が減少して、すぐに売上や利益が増えるわけではありません。

メンタルヘルス・マネジメントは、あくまでも**社内のインフラ**として機能させるべきです。電気やガス、水道のように、あってしかるべきものとして考える。その中で、できるだけ上手に運用できるよう、改善を繰り返していくのです。

管理職の会議では、主に自社の商品やサービスに関する生産や売上に関わることが話し合われますが、衛生関係の情報（社員全体の休職日数や休職原因の内訳など）も報告事項の一つにして、会社全体でメンタルヘルス対策に対する関心を高めてもらいたいと考えています。

あとは、従業員や人事担当者も含めて、メンタルヘルス対策の具体的な内容を社内全体で共有できるようにすれば、少しずつ周知されていくはずです。社内広報などは、そういう意味において大きな役割を担えることでしょう。記事にして配布するという方法もあります。メンタルヘルス対策を社内で広報する際の大事な点は、**上級管理職が、社員の健康に配慮した健康経営を目指し、その一環として社内のメンタルヘルス対策を業務の一つとして重要視していることを記すことです**。上級管理職の所信表明がとても重要です。

新任管理職研修や入社時研修などで、社内のメンタルヘルス対策を説明し、社員が対策の内容に接触する機会を増やさなければ、いつまで経っても周知できることはありません。**メンタルヘルス・マネジメントを社内に伝える努力を継続的に実施すること**。それを忘れないようにしてください。

## 表現の仕方にも工夫が必要

その他の注意点としては、メンタルヘルス不調者に対する表現の仕方が挙げられます。たとえば、「精神的なケア」「心の悩み」といった抽象的な言葉を使うのではなく、「親の介護で気になることがあれば相談してください」「家族の病気で気になる人がいれば連絡をください」など、わかりやすく伝えてあげることが大切です。

気をつけたいのは、**「そこに相談する人はメンタルが弱っている」という印象を与えないようにする**、ということです。表現の仕方を間違うと、誤解を生じさせかねません。その結果、メンタルヘルス不調の方が相談することをせず、潜在化してしまいます。

メンタルヘルス不調は、自分だけで解決するのが難しい問題です。本人にその自覚がないことも多く、周囲の支えが必要となります。そのため、**いかに周囲に相談できるかが重要**となります。

相談はコミュニケーションの延長にあります。知ってもらい、理解してもらい、利用してもらう。**気軽に相談できる環境が社内にあれば、メンタルヘルス・マネジメントの一歩としては成功**です。

その上で、産業医をはじめとする専門家も交えて改善していけば、さらに環境は良くなるはずです。

ただし、社外の相談窓口にはメンタルヘルス不調者へ連絡する手段がありませんので、最終的には人事担当者や上司から、メンタルヘルス不調が疑われる社員へ、社外の相談機関に相談するよう勧めるようにし、必要があれば通院や休暇などの措置をとるようにしましょう。

第3章

# もし、メンタルヘルス不調になってしまったら①休職

01

# メンタルヘルス不調の兆候

## 不調の兆しは行動の〝変化〟に出る

メンタルヘルス不調に限らず、**社員の体調不良には兆候があります（図表4）**。

たとえば、普段はあまり有給休暇をとっていなかった人が、急に有給休暇を取得するようになった場合です。「私用で」などという理由が多いのですが、これはメンタルヘルス不調の兆候である危険性があります。

多いのは、月に1回から2回ほどのペースで休むというものです。とくに、連休明けや休み明けの月曜日などが目立つ場合には注意が必要です。また、月に1回ずつ、半休をとりはじめるという場合もあります。

**図表4　メンタルヘルス不調の兆候**

●普段とは異なる「有給休暇取得」の申請

●つまらないミスの頻発、ちょっとしたことでのケガ

●残業時間の増加

●行動や言動の変化

●身体的不調

その他にも、無断欠勤することがあったり、早退や遅刻が増えたりした場合もメンタルヘルス不調の兆候である可能性があります。このように、**普段とは異なる「有給休暇取得」の申請**には注意しておいた方がいいでしょう。

仕事上における兆候としては、これまでにはスムーズに仕事をこなせていたことが、うまく行えなくなった場合などが挙げられます。

たとえば、**つまらないミスが頻発する**ようになったり、**ちょっとしたことで怪我をする**ようになったりする場合です。メンタルヘルス不調の人は、自分では気をつけているつもりでも、集中力を欠いてしまっているために、こういうことが起こるのです。

**顕著に表れるのは残業時間です**。仕事のパ

フォーマンスが上がっていないにも関わらず、残業時間ばかりが増えている場合は、メンタルヘルス不調を疑った方がいいかもしれません。メンタルヘルス不調のために、仕事の能率が下がっている危険性があるからです。

その他には、**行動や言動の変化**もメンタルヘルス不調の兆候となります。たとえば、普段はおとなしい人が急に乱暴な口調になったり、いつも元気な人が黙り込むようになったりするなどの場合が挙げられます。

いずれの場合も、本人の行動や言動に何らかの変化があるのが特徴です。

このように、メンタルヘルス不調になると、性格が反転したような言動をすることがあります。これは、外的な変化としてわかりやすい兆候です。寡黙《かもく》な人が饒舌《じょうぜつ》になったり、従順な人が文句を頻繁に言うようになったりなど、普段の言動が反転したらメンタルヘルス不調を疑うようにしてください。

日本社会においては、元気な人ほどモチベーションが高いと評価してしまいがちです。しかし、普段はもの静かでおとなしい人が急に元気になって活発になるというのは、医学的には、メンタルヘルス不調の危険性があるのです。

また、本人が実感できる兆候としては、**身体的な不調**が挙げられます。一例として、頭痛、腰痛、めまい、立ちくらみ、慢性的な疲労などが挙げられます。

あとは、「ちょっとしたことでイライラする」「風邪をひきやすくなり、かつ治りにくくなった」「痛み止めを使っても首や背中の痛みなどが消えない」「身体が思うように動かない」「寝つきが悪く、朝起きても疲れが取れていない」「たばこの本数が増える」「飲酒の頻度や飲むお酒の量が増える」なども、メンタルヘルス不調の兆候である場合があります。

## 職場や家庭のストレスが原因に

メンタルヘルス不調の原因は、多くの場合、**職場か家庭でのストレス**であると考えられます。正確には、過度なプレッシャーや人間関係の悪化、介護、育児、経済的な問題などにより、悪性のストレッサーがストレスフルな状態を長期間持続的に引き起こすことで、メンタルヘルス不調の原因となるのです。

ただし、ストレッサーがあるからといって、すぐにメンタルヘルス不調になるわけではありません。ストレッサーの量に応じて、段階的に、「**警告反応期**」「**抵抗期**」「**疲憊《ひはい》期**」を経ることになります（図表5）。

## 図表5　ストレスの3段階

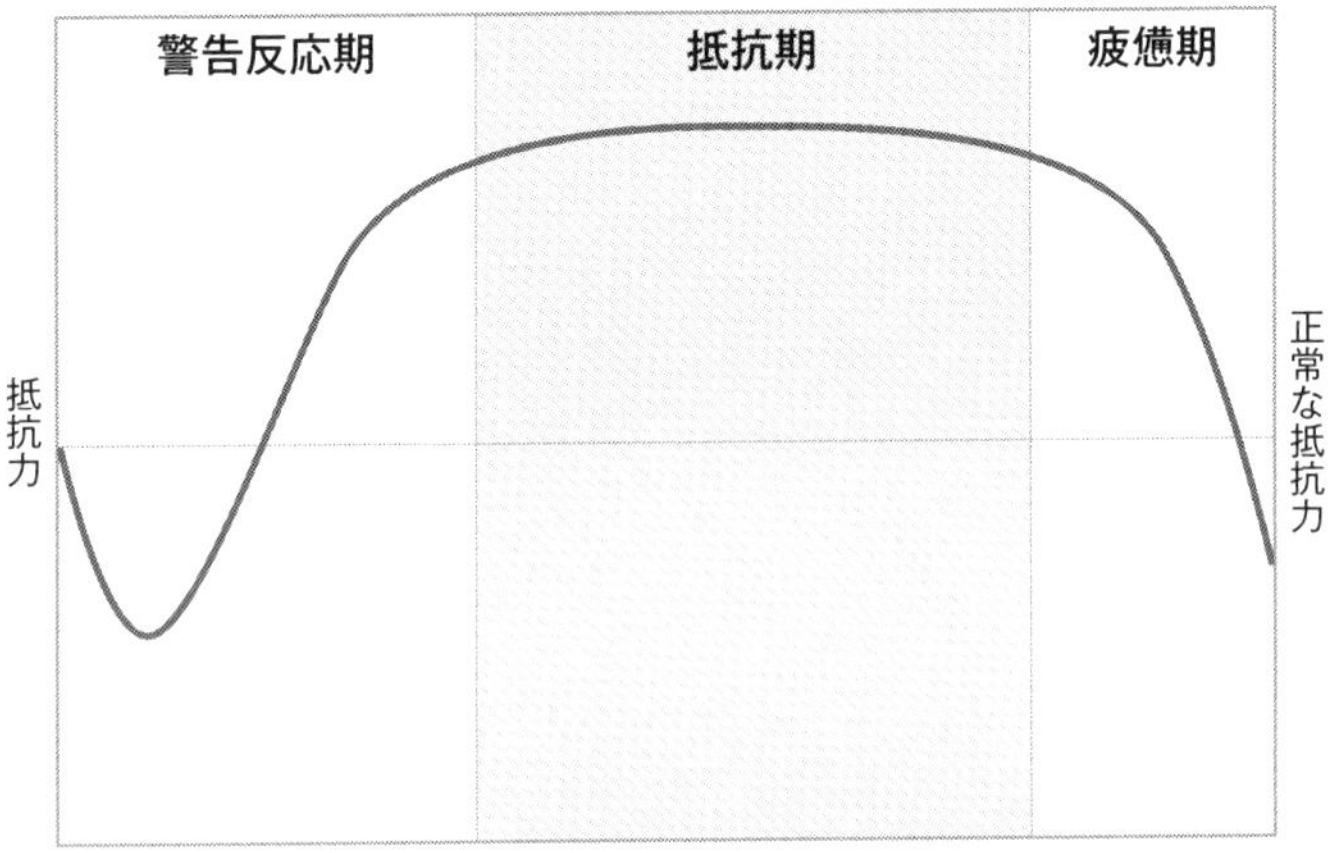


警告反応期では、朝なんとなくだるい、頭痛がするといった軽い身体の症状が起きる状態で、出勤すると消えてしまう程度の軽度の症状が起きる状態を指します。身体から「ストレッサーがかかり始めています」という警告が「症状」という形で発しているのですが、多くの人はそれに気づくことはありません。

抵抗期では、警告反応期よりも多くのストレッサーがかかっているのですが、表面上、パフォーマンスを上げたり集中力を上げたりして、良いストレス状態を引き起こしている状態を指します。まだ症状は現れませんが、ストレッサーがまったくない状態ではありません。「私は、精神的にタフで、病気になったことはない」という方もいますが、正確に言うと、今まで幸いにして「警告反応期」「抵抗期」でなんとか過ごすことができたということで、ストレッサーがなかったということではありません。ストレッサーがかからないよう、周囲の家族や職場の上司や同僚、部下が助けてくれていたのかもしれないという気持ちは忘れてほしくないところです。

しかし、身体の許容範囲を超えてストレッサーがかかると、疲憊期になってきます。**疲憊期とは、心身ともに疲れ果ててしまった状態**を指します。メンタルヘルス不調と同じ状態でもあります。こうなると、最初はイライラ感が訳もなく募ってきて、自覚なく、周囲の人や上司、同僚、部下、仕事の取引先に対して厳しい口調になり、問題行動として発覚することが多いです。その後、物事を忘れやすくなり、生産性が一気に下がります。この段階において、いち早く発見し、専門家に相談することが大事です。

しかしながら、**疲憊期になっている社員自身は、自分の体調の悪さを自覚していないことがほとんどです**。イライラ感できつい言葉を放っても、本人としては相手にひどいことを言ったとは理解していないのです。それは、脳の働きが低下しているために、冷静な判断力や思考力を低下させているために生じている現象です。物忘れにしても、本人は忘れたということを自覚できないのです。そのため、疲憊期になっていると思われる社員を見つけられるのは上司であり、上司から、その社員へ声をかけて、気にある現象について話をして、相談窓口へ行くよう話す必要があるのです。

**上司にとっての安全配慮義務は、まずは、疲憊期が疑われる社員を相談窓口へ連れていくこと**であり、それは上司の業務の一つなのです。

自分はどれくらいストレッサーに耐えられるのかが気になる方もいるかもしれませんので、それについて説明しますと、自分にとって嫌なこと・不快なことをストレッサーとは考えないことです。うれしいことや楽しいこともストレッサーになります。直近1年間に仕事や生活で大きな出来事が3つ以上起きている場合は、要注意と考えましょう。

たとえば、「引っ越し」「結婚」「離婚」「家族や親族の病気」「介護」「出産」「住宅購入」「人事異動」「昇格」など、世間的には喜ばしいことも含めて、出来事を振り返ってください。筆者は、直近1年間で3つ以上大きな出来事があった年は、病気になるとは言っていません。体調を崩す危険性がありますので、普段の睡眠・食事・家事などの生活習慣を見直してくださいと言いたいのです。

疲憊期になり心身ともに限界に来ていることを示す一つの症状として、「**不眠**」があるのですが、これが一般の方にはわかりづらい症状です。筆者は産業医として多くの人から相談を受けていますが、「不眠」を問題にして相談に来られることはめったにありません。多くの場合、身体の症状を相談に来て、よく話を聞いているうちに、「頭痛がひどくて、夜眠れない」「おなかの調子が悪くて、夜中目が覚めてしまう」というように打ち明けるケースがほとんどです。

前記の場合、相談に来ている社員は、頭痛やおなかの不調のせいで眠れないのだから、頭痛やおなかの不調がなくなれば眠れると思っています。しかし、多くの場合はその逆で、**眠れないから頭痛やおなかの不調が起きている**のです。自分自身では、自分の体調を冷静には考えられないので、産業医や保健師などに相談することが一番です。上司の場合は、そういう部下がいたら、産業医へ相談するよう勧めましょう。

ただ、睡眠がよくとれているかどうか心配になり、最近流行りの「睡眠アプリ」を使用することは、筆者としてはあまりお勧めしません。理由としては、冷静な判断力や思考力がある場合には、「睡眠アプリ」の測定結果で「よく眠れていない」という結果が出ても、必要に応じて対処できるのですが、疲憊期になってくると、「なぜ、よく眠れないのか、今日も眠れないのだろうか」と不安が不安を引き起こし、体調を自ら悪化させる危険性が高いからです。睡眠が良くとれているかどうかは、病院で睡眠中の脳波を測定しないとわかりません。心配な人は、睡眠外来を掲げている病院で睡眠中の脳波を測定して確認しましょう。

ちなみに、一般的に「良い睡眠」とは以下の通りです。

**・起床から4時間後に眠気（あくび、ぼーっとする、だるいなど）がない**
**・集中力、気力の低下がない**
**・睡眠中のトラブルがない**

疲憊期の社員がそのまま出勤を続けていると、仕事の能率が低下し、残業時間が増える割には仕事で成果を上げられなかったり、仕事でミスを繰り返して上司から注意を受けたりして、いいことはありません。しかも困ったことに、疲憊期の社員からすれば、頑張って仕事をしたのに、残業時間が増えたり、上司から注意を受けたために、体調を悪化させたのではないかと誤解する傾向が強くなってしまうことです。

このようなことにならないためにも、普段から上司や部下とコミュニケーションをとることがとても大切になります。

## 日頃から注意深く観察すること

上司の役割は、部下を管理・監督することにあります。もちろん、業務上の成果を上げることは大切ですが、それだけでなく、部下がきちんと働ける環境を整えなければなりません。それは人事担当者も同様です。人事担当者は会社全体の人事管理を担っていますから、俯瞰的に社内の環境をみて対応することができる、とても重要な役割を担っています。

**普段から対面できちんとコミュニケーションをとっており、部下の言動を観察していれば、メンタルヘルス不調の兆候を見つけることは可能です**。わずかな変化を見逃さず、行動と会話の両面からチェックしていれば、わかるはずなのです。

それが、効率を重視するあまり、メールや電話でのやり取りが中心となってしまえば、発見する機会を失ってしまいます。このようなコミュニケーションの希薄化は、メンタルヘルス不調の発見にマイナスの影響を及ぼすのです。

また、**働き方の変化による、コミュニケーションのあり方についても留意が必要**です。

たとえば、客先に常駐していたり、テレワークを推進している会社であれば、その分、メンタルヘルス不調を発見しにくいと肝に銘じておくべきでしょう。なぜなら、それだけ部下と直接接する機会が少なくなるためです。

対面でのコミュニケーションをとっていなければ、メンタルヘルス不調の兆候を見逃してしまう可能性があります。そのような場合には、必要に応じて、定期面談などを実施することも検討した方がいいでしょう。

さらに、近年の組織体系では、一人の部下に複数の上司がいる場合もあります。そのような場合、それぞれの上司によって発言内容が矛盾していたり、責任の所在があいまいだったりすれば、部下としてはストレスの元になります。そのような体系が、社員のメンタルヘルス不調を助長する可能性もあるのです。

あるいは、上司がプレイング・マネジャーで、上司自身が自らの業務目標達成で忙しく、部下の労務管理まで手が回らない場合、部下にとっては、実質的な管理・監督者がいないことになります。

たしかに、会社としては限られた人員の中で仕事をしなければならないのかもしれません。ただ、仕事をしながら部下を管理するのは大変です。メンタルヘルス・マネジメントの観点からは、プレイング・マネジャーのあり方には配慮する必要があります。

本来であれば、各社員はプレイヤーに徹するか、あるいはマネジメントに徹するべきです。どちらも兼ねようとすれば、社内のメンタルヘルス・マネジメントは疎かになってしまう危険性をはらんでいます。そこに、現代の中間管理職の大変さがあります。その点は、人事担当者は理解して、会社全体の人事方針を決める必要があります。

ただ、そうは言っても、メンタルヘルス不調をそのまま放置しておくわけにはいきません。会社全体として、社員のメンタルヘルス不調の兆候を早期に見つけられるように、工夫することが求められます。

## 02

# 「うつ病」とはどんな病気なのか？

### 脳神経系の疲労状態

メンタルヘルス不調として、もっともイメージしやすいのは「**うつ病**」でしょう。

第1章でも紹介していますが、そもそもうつ病とは、気分障害という分類の中の一つです。抑うつ気分、意欲・興味・精神活動の低下、焦燥、食欲低下、不眠、持続する悲しみ・不安な気持ちなどの症状が出る、精神障害の一つです。

〝精神障害〟と言うと、とても大ごとのように感じてしまいがちです。長期化し、なかなか治らないやっかいな病気であるというイメージも強いでしょう。

そこで、うつ病については、「**脳神経系の疲労状態**」と理解することをお勧めします。

医学的に正確に言うと、複雑な仕組みがあるのですが、そういうことを知ると、自分の脳がおかしくなったのではないか、という不安を感じる人がいるので、あえてわかりやすく「脳神経系の疲労状態」と本書では記しています。脳神経系が疲れ果てて、「寝る体力」「気持ちを安定させる体力」「疲れを感じる体力」がなくなった状態と考えましょう（図表6）。その方が、うつ病の具体的な治し方についてもイメージしやすいからです。なお、厚生労働省の「心の耳」というサイトでは、うつ病は「脳のエネルギーが欠乏した状態」で、「脳というシステム全体のトラブルが生じてしまっている状態」と解説しています。

厚生労働省「心の耳」
http://kokoro.mhlw.go.jp/about-depression/ad001/

うつ病が脳神経系の疲労だとすると、治療には、何が必要になると考えられるでしょうか。それはズバリ、「**寝ること**」と「**休息する**」です。

よく「休むこと」と「寝ること」を同じと勘違いしている人がいますが、それらは明確に異なります。たとえば、休暇をとってゲームをするのは、たしかに「休んでいる」と言

## 図表6 「うつ」と脳の関係

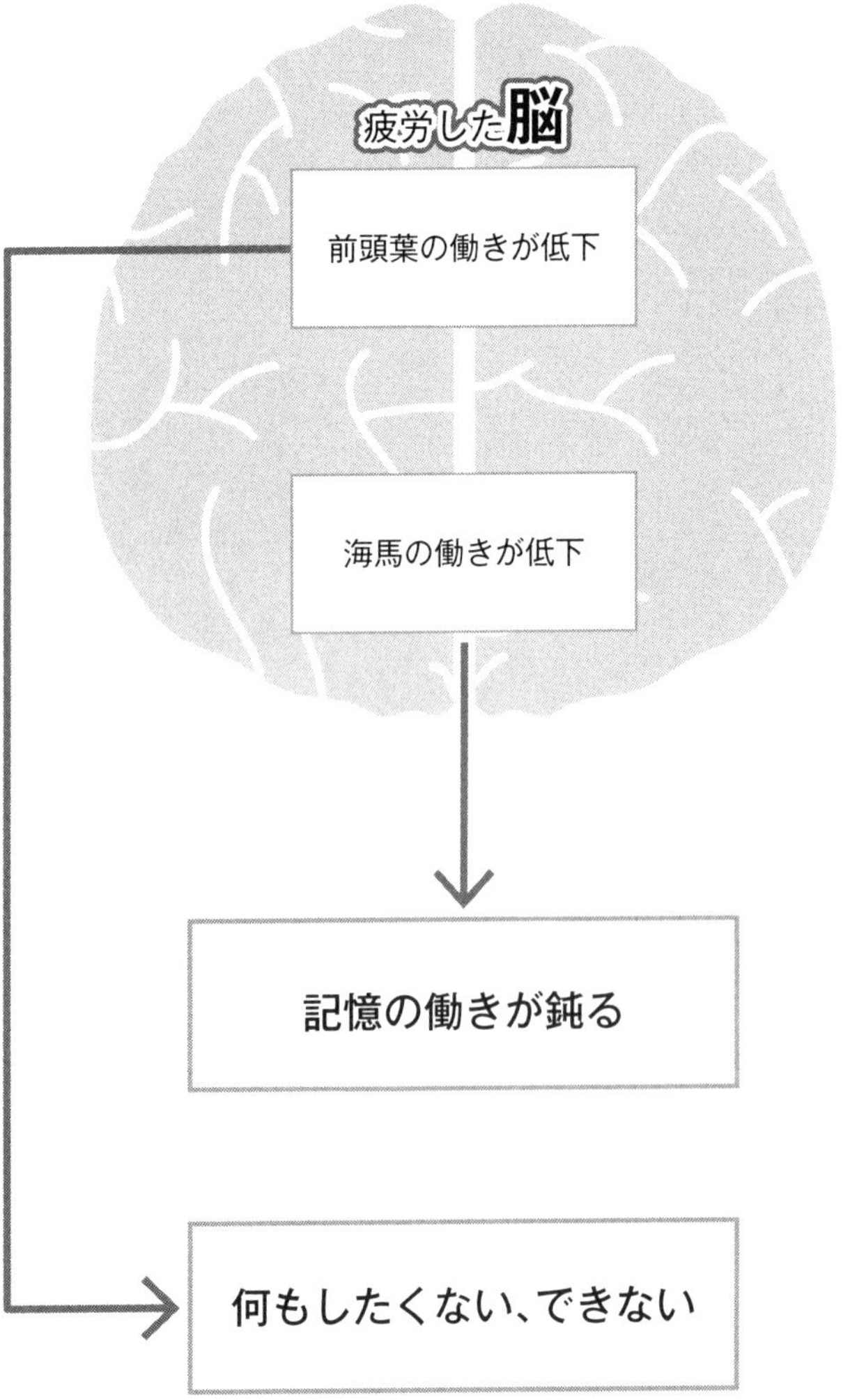

えるかもしれませんが、脳の休息にはなりません。**脳の休息には、睡眠が必要な**のです。

最近では、休憩時間にスマホをいじっている人も多いですが、それでは脳が休まりません。脳が休息を必要としているのにも関わらず、スマホの画面を凝視していると、疲労はどんどん蓄積していきます。動画を見ても、メールを見ても同じです。

普段の仕事でパソコンを操作している人ならなおさらです。日中はパソコンにかじりつき、プライベートではスマホばかり見ている。それでは、いつまでたっても脳の休息ができず、その結果、睡眠の質が低下しても仕方ありません。十分な睡眠がとれてないと、脳は休まらないのです。

たとえリラックスできたとしても、休むときは脳を休ませることに徹することが大切です。とくに、睡眠をとることを心がけてください。

「身体を動かすのはいいに違いない」と考え、休日などにスポーツで汗を流す人もいます。たしかにスポーツは身体にいいとされていますが、〝休む〟こととは違います。リフレッシュ（refresh）とレスト（rest）は異なるのです。

うつ病などの精神疾患と診断されたら、映画を見たり、スマホをいじったり、あるいはスポーツをしたりするのではなく、横になってとにかく寝ることが大事です。**脳神経系の**

**疲労状態を回復させるには、やはり睡眠が一番**なのです。

具体的には、まず決められた薬は指示されたとおりに内服します。うつの薬は、飲んですぐ効くものではなく、1週間から2週間程度しないと効いてこないので、それまでは、指示されたとおりに内服しましょう。

最近は、ネットで薬の副作用を調べて、少しでも「日中のだるさ」があったら、「薬の副作用だから、薬を変えてもらいたい」という方が増えてきましたが、そういうことはやめましょう。脳神経系が疲労しているわけですから、薬を内服すると、一時的に日中だるく感じることはよくありますし、だるく感じられるだけ神経が正常になってきたということです。

次に、**夜10時くらいには、布団に入って寝る**ことをお勧めします。眠くなってから寝るという習慣は止めましょう。病気のときは、多くの場合、生活習慣が乱れていますので、夜10時には寝室の電気を消して、寝る癖をつけることが大切です。この際、寝る直前まで、パソコンやスマートフォンなどの情報携帯端末を扱うことは控えてください。そのような機器を寝る直前まで見ていると、目に強い光刺激が与えられ、寝つきが悪くなることが医学的にわかっています。

もちろん、**飲酒やたばこは厳禁**です。コーヒーや濃いお茶も夜は控えてください。夜、途中で目が覚めても、絶対に時計は見ないでください。時計をチラ見するだけで神経が高ぶって寝つきを悪くします。朝は、目覚まし時計をかけないで、自然に目が覚めるまで横になりましょう。昼まで寝ることがあるのは特別なことではありません。同居の家族がいたら、起こしてもらうことはせずに、寝室のカーテンを朝7～8時にそっと開けてもらうことだけお願いしてください。明るい部屋で寝ていると、脳は朝とわかっているので、病気がよくなると、目が覚める時刻が自然に早まってきますので安心してください。

## 「ストレス発散」に対する誤解

また、「ストレス発散」という言葉についても、きちんと理解されていない場合があります。そもそも、「ストレスを発散する」という言葉自体、医学的に正確な言い方ではありません。

脈や胃腸、体温をコントロールしているのは「**自律神経**」です。自律神経には、「**交感神経**」と「**副交感神経**」があります。それぞれの違いについてわかりやすく説明すると、筋肉を収縮させるのが交感神経で、緩めるのが副交感神経と考えてください。つまり、副交感神経を高めることがリラックスにつながります。

緊張している状態というのは、交感神経が高まりすぎている場合です。そこで、副交感神経を高めることによって、緊張がほぐれ、身体が休まることになります。

このことから考えると、「ストレス発散のためにゲームをする」「ストレスを解消するために動画を見る」という行為は、リラックスではないと認識するべきでしょう。

そもそもゲームをしたり動画を見たりするなどの行動は、仕事から他のものへと注意の方向を変えているだけなのです。そのため、結果的に交感神経を高めることにつながります。**緊張しているという意味では、仕事もゲームも変わらない**のです。

とくに現代のようなネット社会では、目を酷使しがちです。テレビを見て、パソコンを見て、スマホを見る。いずれも目を疲れさせるものばかりです。それでは脳が休まりません。意識してやめようとしなければ、続けてしまうところに危険性があります。

ちょっとした空き時間にスマホをいじってしまう。帰宅するととりあえずテレビをつけてしまう。寝る瞬間までパソコン画面を凝視している。そのような人は、睡眠の質が低下しており、脳が休まっていない可能性を懸念した方がいいでしょう。

あとは、嗜好品にも注意が必要です。タバコやお酒、コーヒーなどの刺激物は、睡眠の質に影響を与えることが多く、過剰摂取には気をつけたいところです。

中でもカフェインについては、睡眠の質を低下させることを自覚している人が少なく、改めて注意した方がいいでしょう。

お酒を飲まず、タバコを吸わないという人でも、一日に何杯ものコーヒーを飲んでいれば、それだけ身体に負荷を与えていることになります。コーヒーに含まれているカフェインは、眠気や倦怠感に効果があるとされています。ただし副作用もあって、不眠や不安、めまいなどの症状を引き起こすことがあるのです。

お酒に関しては、飲酒がメンタルヘルス不調の元になる可能性があります。寝酒をすると、寝つきはよくなりますが、睡眠中の呼吸が浅くなり、ストレス発散どころか、不眠を悪化させることにもなり得ます。

お酒をよく飲む人でも、健康診断の肝機能検査で問題を指摘されていないから「自分はアルコール依存症ではない」と考えている人もいるかもしれません。ただ、周囲から酒癖が悪いと言われたり、飲んだ翌朝に前日の記憶がなかったりしたら、まずアルコール依存症の可能性があると考えた方がいいでしょう。毎日飲酒をしていなくても、飲酒の量が日本酒換算で2合以上、または、量を考えず酔いに任せてずっと飲むのも、アルコール依存症の可能性があります。

ちなみに、お酒と上手につきあうには、**週2日は連続してお酒を飲まないようにする**といいでしょう。たとえば、ビール大瓶1本のアルコールを肝臓が分解するのに3時間ほどかかります。そのため、最低48時間はお酒を飲まない時間をつくらないと肝臓が休まりません。飲む量としては、日本酒換算で2合までにしてください。

もし、社内でアルコール依存症の人が発生すると、上司や同僚、人事担当者などを困らせる状況になることが多いです。典型的な症状は、お酒の匂いをさせて出勤することですが、最近はそういう方は見られないようです。他の症状としては、事故やケガが多い、仕事のミスが多く、上司が注意をしても注意されたことすら忘れて同じミスを繰り返すことがあります。

そういう方がいたら、うつ病への対処とは異なり、ドライに対応することが大切です。「お酒を止めるのか。それとも職場を辞めるのか」といった姿勢で人事担当者が対応することが求められます。

うつ病などの精神疾患を治すには、生活習慣そのものを改善しなければならないこともあると認識し、適切に対応してください。

カフェインのとり過ぎが気になるのであれば、カフェインレス・コーヒーを飲むようにする。お酒は飲まないことにする。そのような習慣が、うつ病をはじめとするメンタルヘルス不調に効果的をもたらすのです。

また、「食事」という観点から考えると、メタボリック症候群の人は、そうでない人に比べて1・5倍もうつ病になりやすいと言われています。

メタボリック症候群とは、内臓脂肪が過度に蓄積することで、「高血圧」「高血糖」「脂質代謝異常」が組み合わさり、心臓病や脳卒中などの動脈硬化性疾患を招きやすい病態のことです。基準としては以下の通りです。

〈必須項目〉
ウエスト周囲径……男性85センチ以上、女性90センチ以上
〈以下の3項目のうち2項目が該当〉

脂質異常……中性脂肪（トリグリセライド）150mg／dℓ以上、または、HDLコレステロール40mg／dℓ未満
高血圧……収縮期（最高）血圧130mmHg以上、または、拡張期（最低）血圧85mmHg以上
高血糖……空腹時110mg／dℓ以上または随時126mg／dℓ以上

最近、食事とメンタルヘルス不調の関係に関する研究が進み、**健康な日本食を食べている人は「うつ症状」が少ないとされています**。たとえば、「にんじん、かぼちゃ、きのこ、緑の葉野菜、キャベツ、白菜大根、かぶ、その他根菜、豆腐、厚揚げ、納豆、海藻、いも、果物、緑茶、小魚」などを取り入れて、主食・主菜・副菜というようにバランス良く食事をとることも大切です。

## 脳の疲れは自分で認識できない

**脳は、自らの疲れを認識できないので、意識的に休ませる必要があります**。脳は、他の

身体の部位のように、痛みを感じることがないのです。

正確には、脳自体の痛みを感じることはありません。なぜなら、脳の中に感覚神経が通っていないからです。全身の感覚は脳で自覚しますが、脳自体には感覚神経がないからわからないのです。だからこそ、脳の疲労を放置してしまいがちなのです。

脳の疲労（痛み）を自覚できないからこそ、対策をとらないでそのままにしてしまう。その結果、症状が悪化してしまい、気づいたときには手遅れになってしまうということもあるのです。

また、他の臓器のように、脳の一部を採取して調べることはできません。そのため、精密な検査が難しく、病状を理解することを困難にしていると言えるでしょう。

ですので、とにかくまずは十分寝ること。他のことをするのではなく、**毎日十分な時間睡眠をとることが大切**です。なぜなら、うつ病とは脳神経系の病気であり、脳は睡眠によって休まるのです。薬と同じくらい、睡眠は重要です。

スマートフォンのように、画面から発するブルーライトを寝る前に見ることで睡眠の質は低下します。パソコンやタブレット端末も同様です。身近なものだけに、注意しておきましょう。体調が悪いときはもちろん、寝る前には操作しないようにしてください。

睡眠環境を改善するには、他にいくつかのポイントがあります。

まずは「**照明**」です。寝るときには、不安を感じない程度に暗くしておくのがお勧めです。どうしても真っ暗では眠れないという人は、足元灯などを活用するといいでしょう。休職中で、昼寝をする場合は、カーテンを開けて、室内の照明をつけたままで寝るようにしてください。

次に「**温度・湿度**」です。夏場であれば、室温は25度、湿度は50〜60%が理想的です。就寝の2〜3時間前にはエアコンを22〜23度に設定し、寝室やその壁、家具などを冷やしておきましょう。就寝時には、エアコンを26〜28度に設定し直し、起床の2〜3時間前にはオフになるよう設定してください。

一方、冬場の場合では、室温13度、湿度は50〜60%が理想的です。就寝の1時間前にはエアコンを18〜20度に設定し、寝室の温度を整えておきます。就寝時には、エアコンを14〜16度に設定し直し、就寝1時間後にはオフ、起床の30分前にはオンになるよう設定してください。

ただ、温度や湿度に対する感じ方は個人差が大きいので、本書の値を参考に微調整してください。

あとは、**「日中の過ごし方」**にもコツがあります。起床時にはなるべく目覚まし時計のスヌーズ機能は使わないようにしてください。そして、起床後4時間以内に外の光に当たり（日当たりのよい部屋で過ごすことでも構いません）、もし二度寝するのであれば日当たりの良い部屋でするようにしましょう。日中は15～30分ほど、横にならずに目を閉じます。また、夕方4～5時ごろに、散歩を15分程度でもいいので行い、軽く身体を動かすことも忘れずに行ってください。

寝ているときに関しては、目が覚めても時計を見ないなど、睡眠を妨げる行動をしないように注意してください。

意外に知られていませんが、**うつ症状はいきなり出現するわけではありません**。疲労感が蓄積して身体の許容範囲を超えてくると、次に不安感やイライラ感が生じてきます。不安感やイライラ感が身体の許容範囲を超えてくると、やがてうつ症状をきたし始めます。そのため、日常生活における睡眠、食事、運動、及び身体疾患の治療を行い、普段から疲労感が蓄積しないように対処することが重要になることを忘れないようにしてください。

## 03 通院から休職までの流れ

### 発覚しづらい通院の事実

うつ病をはじめとするメンタルヘルス不調を治療するために、精神科・心療内科の病院にかかることになります。ただ、通院の事実に関しては、上司や人事担当者がすぐに把握することはなかなかできないでしょう。

結局のところ、通院している事実というのは、普通に勤務している間は発覚しないケースがほとんどです。休みが続いていたかと思うと、突然、社員が診断書を提出し、そのとき初めて上司や人事担当者は通院の事実を知るということが多いのです。それだけデリケートな問題ということになります。

筆者としては、**普通に出勤して仕事ができている社員の通院状況を会社がすべて把握する必要はない**と考えています。出勤が同僚と同じようにできない、または与えられた業務がこなせないという問題が起きた際には、普通に業務をこなすことができるように、会社は通院状況を知る必要性があると考えています。

できれば、上司や人事担当者などが、出勤状態や勤務中の言動から本人の言動の変化を発見し、声をかけるようにしたいところです。たとえば、メンタルヘルス不調の可能性がある行動には次のようなものがあります。

- **休みや早退、遅刻が増える**
- **仕事でのつまらないミスが増える**
- **頭痛やめまい、身体のだるさ、疲労感を訴える（病院へ通院しても、なかなか治らない）**
- **イライラしたり、急に激怒したりする**
- **風邪をひいていることが多い**
- **お酒またはタバコの量が増えてきた**

**・残業時間が増えている割には、仕事のパフォーマンスが出ていない**
**・職場の人間関係をうまく構築することができない**

もし、まわりの人にこのような傾向を見つけたら、「**体調が心配なので、人事担当者（相談窓口）に相談しよう**」と言い、相談するよう促してあげることです。

その際、「うつっぽい」「病気だから」「おかしい」などの言葉を使わないようにしてください。本人を不安にさせてしまいます。中には、精神疾患に関するホームページを印刷して見せる人もいますが、それは、「小さな親切、大きなお世話」で、社員の信頼感を壊して、二度と相談に来なくなってしまいますので、やめましょう。

模範的な対応としては、**不調のサインを見つけた段階で、産業医に相談するのが望ましい**でしょう。勤務状況や問題となっている職場での言動を産業医へ報告し、対処の方法を相談してみてください。

メンタルヘルス不調の社員へ声をかける際のポイントですが、**具体的な事実を取り上げて、体調が心配であることを伝えることが大切**です。身体の症状を話したら、それを取り上げて話すことが大事です。繰り返しになりますが、以下に注意点を挙げますので、参考にしてください。

**（良い例）**「先月2回、午前に半休を取っていたのは、朝、頭痛がひどくて会社に来れなかったためであることはよくわかりました。体調が心配だね。産業医が月に1回訪問しているから、一度相談してみてください。私から、あなたの状態については話しておくから。産業医に相談して良かったという他の社員の話も聞いています。日程については、後で連絡します。相談できるよう、仕事のほうは私が調整します」

**（悪い例）**「そうか、午前に半休をとっていたのは、朝、頭痛がひどかったからなんだ。私も、昔、そういうことがあったね。私の場合、痛み止めを飲んで治ったから、痛み止めを飲んでみたらいいいんじゃない。酒の飲みすぎかもね。酒は控えたほうがいいよ……」

もし、まだ通院していないのであれば、産業医に病院を紹介してもらうこともよいでしょう。場合によっては休職も視野に入れることになりますが、まずは仕事量を調整して病院で受診させることが一般的です。必要があれば、産業医と本人とも相談して、仕事の環境を整備することになります。

なお、病院の選び方ですが、公益社団法人日本精神科病院協会や公益社団法人日本精神神経科診療所協会、うつ病リワーク研究会などのホームページで検索することをお勧めします。また、病院のホームページで診察する医師のプロフィールを見て、日本精神神経学会専門医や精神保健指定医の資格を持つクリニックをお勧めします。

## 誤解を生む社内の対応

社内に精神疾患の通院の事実を報告したり、診断書を提出したりするというのは、本人にとって勇気のいることです。言いづらいということもありますが、一般的にはネガティブな印象があるからです。

たとえば、「診断書を提出すれば会社をクビになってしまうかもしれない」などと、マイナスに考えてしまうことがあります。とくに、精神疾患の人は、物事を悪い方に考えてしまいがちなのです。それは、病気のせいで、物事をポジティブに考える脳の部分の働きが低下しているためなのですが、そういう検査は病院ではできないので、本人にはわかる術がありません。

会社を休むかどうか相談を受けた主治医としては、会社の休職制度や業務内容、職場の人間関係などはわかりませんし、病状を客観的に判断する明確な基準がないため、患者の要望に沿って診断書を書くしかありません。

ただ、**病気の社員自身が上司や人事担当者に言わなければ言わないほど、職場での立場は悪化してしまう可能性があります**。仕事の能率が落ちれば周囲に迷惑をかけることになりますし、出勤しても仕事に対するモチベーションが上がらないので、仕事の評価は下がり、頑張って出勤しても余計に誤解されるだけになります。

あとは、経済的な問題によって、本人が休みたくないと考えているケースもあります。そのような場合であっても、正直に人事担当者へ伝えるのが大切です。

住宅ローンについては、司法書士や弁護士を通して手続きをすれば、返済金額を一時的に減らすことができますし、奨学金の返済が難しければ、奨学金を借りた団体へ問い合わせをして手続きをすれば、仕事に復帰し返済できるまで返済を猶予してもらうこともできます。また、休職で会社から給与を支払われなくても、健康保険組合に、傷病手当金の申請をすれば、標準報酬月額の3分の2が健康保険組合から支給されます。経済的に困窮していれば、各自治体の社会福祉協議会の生活福祉資金の利用や、生活困窮者自立支援制度の利用もあります。

いずれにしても、そのままにしておいたら、根本的な解決にはつながらないのです。普段から、社内できちんとコミュニケーションがとれている場合には、伝えるハードルが下がるはずです。診断書を提出するにも、あるいは通院を促すにも、最初の一歩を踏み出しやすくなります。

## 本人と相談を重ねて

私が実際に担当したケースでは、本人が休職することに納得して実際に休むまで、３年もかかってしまった場合があります。

この人の場合、メンタルヘルス不調の兆候があり、すでに精神科へ通院をしていました。事実、仕事にも支障をきたしていた状態です。そのような状況にも関わらず、なかなか休んでもらえなかったのです。「休んでください」と伝えても、一向に休もうとしない。毎月、休むように伝えていて、36回目でようやく休んでもらえました。

休職し始めて、その人が言ったのは、「ああ、休んで良かったんですね」という言葉でした。このように、**周囲が考えていることとは異なり、本人としては「休んでいけない」と思い込んでいるケースもあるのです**。

もちろん、法律的には業務命令として休ませることは可能です。労働安全衛生法により、休業させることはできるのです。ただ、人事担当者として、そこまで思い切れないということが少なくありません。

ただ、「自死」という最悪のケースを回避するためには、速やかに職場を休んでもらう方がいいでしょう。「病院に行きたくない」「休みたくない」と頑なに抵抗する人もいるかもしれませんが、きちんと本人と相談し、納得してもらうことが大切です。本人がどうしても納得しない場合は、身元保証人や親・兄弟（姉妹）へ会社から連絡をして、実情を説明して協力を依頼することも必要になります。

最悪のケースを未然に防ぐために、「**自死のサイン**」と考えられる言動を紹介しましょう。以下の言動があった場合は、特に注意が必要です。

**① 周囲からの救いの手を拒絶するようになる**

**② 感情が不安定で、気が沈んだり、攻撃的になったりする**

③今まで元気がなかったのに、不自然なほど、明るく問題ないように振る舞う
④強い絆のあった人（配偶者、子ども、親、親友など）から見捨てられる、もしくは失う
⑤過度に危険な行為に及ぶ（薬の過剰摂取、大量飲酒など）
⑥死についての文章や詩、ブログなどを書く、SNSからアカウントを理由なく削除する
⑦「遠くへ行きたい」「誰も知らないところへ行きたい」と発言する

内閣府の調査（２００８年）によると、自殺を考えた人の６割が誰にも相談しないとされています。また、自殺した人の82％は、精神科も受診していないそうです。だからこそ、本人を説得して相談に連れて行く、あるいは本人の同意が得られなくても人事担当者へ相談することが求められます。

なお、家族が前記の①から⑦の言動に気づいた場合、主治医へ連絡する、もしくは、最寄りの警察署の生活安全課へ相談しましょう。

# 04 本人から相談された場合の対応

## きちんと時間をとって対応する

本人からメンタルヘルス不調について相談を受けたとき、あるいは診断書を提出されたとき、まずは**きちんと時間をとって面談することが大切**です。

時間的には、最低でも30分から1時間は時間をとって面談するなど、なるべく余裕をもって対応するようにしてください。

その際、上司や人事担当者が留意しておきたいのは、「**本人の話をしっかりと聞く**」ということです。話に耳を傾け、実情を受け止める。相手の言葉が詰まってしまっても、忍耐強く待つ。「有効なアドバイスをしなければ」と気負う必要はありません。少なくとも、インターネットで調べた知識を元に、アドバイスなどをしてはいけません。

また、「病気」や「うつ」という言葉もなるべく避けるべきでしょう。「もうちょっと頑張ってくれ」「今、休まれてしまうとみんなが困るんだ」などもNGです。**「打ち明けてくれてありがとう」「まずは身体を治すことに専念しよう」**など、相手に配慮した言葉をかけることです。

また、**相手の感情に引きずられないように注意することも大事**です。思い込みが強くなってしまっている場合もありますので、聞く側としては冷静に、客観的に聞いてあげることです。その上で、事実と感情を分けて、判断するようにしましょう。

面談の際には、話した内容を記録しておきます。そうすれば、「どのような対応が必要なのか」や「病院での受診の必要性」「休職についての判断」など、今後について産業医に相談することもできます。

どうしても指定された日に面談できないという場合には、きちんと事情を説明した上で、改めて別の日にちを設定することです。都合が悪いのに無理をして話を聞いてしまうと、相手の言葉をきちんと受け止められないことがありますので注意しましょう。

## 経済的な問題への対応

本人からメンタルヘルス不調について相談された場合、もっとも悩ましいのは経済的な問題です。

たしかに、本人の身体のことを考えれば、病院へ通院させて会社を休ませるのがベストです。ただ、休むことによって給料がなくなってしまうと、生活に支障が出てくることがあります。それを避けようと、休まずにいる人も少なくありません。

たとえ業務命令として休ませることができても、本人から経済的な問題を相談されてしまうと、会社として対応に苦慮してしまうでしょう。有給があれば使ってもらうことになりますが、それ以外の場合には無給となってしまうのです。

もちろん、無給の場合でも「**傷病手当金**」というものがありますので、そのような制度と併せて対応を検討することになるでしょう。傷病手当金を申請するためには、病院へ通院していることが前提になります。

傷病手当金について簡単に説明しておくと、制度としては、病気休業中に被保険者とその家族の生活を保障するために設けられたものです。被保険者が病気やケガのために会社を休み、事業主から十分な報酬が受けられない場合に支給されます。

全国健康保険協会
https://www.kyoukaikenpo.or.jp/g3/cat310/sb3040/r139

とにかく、経済的な問題については、労働法専門弁護士や社会保険労務士などに相談し、会社の就業規則に照らして、個別的に対応することが大事になります。筆者の経験では、**患者自身が悩んでいる問題と家族が抱えている問題はすべて同じではありません**。経済的な問題については、患者本人が感じていても、家族と直接会って聞くとまったく違うことも少なくないので、患者本人の話を鵜呑みにせず、家族や兄弟（姉妹）からもヒアリングすることをお勧めします。

## 背景にある家庭の問題

社員のメンタルヘルス不調と、本人の家庭の問題とは、密接な関係があります。メンタルヘルス不調になったとしても、「会社を休みたくない」と訴える人のほとんどは、最初に経済的理由を挙げるものです。

「生活が苦しいから休めません」と言われれば、会社としては困ります。それで放置しておけば、本人の病状は悪化してしまいますし、周囲にも迷惑をかけてしまう可能性もあります。会社は、難しい対応を迫られますが、**本人の申告を真に受けすぎずに、時間をとって、しっかり話を聞く必要があります**。よく話を聞くと、実は経済的な問題よりも、親子関係の問題、育児や介護の問題、子供の不登校やいじめの問題などがある場合が多いです。

その話を聞いて、休ませるのは酷だし、仕事のストレスで病気になっていないので、「休まなくてもよい」などと甘く考えてはいけません。そのように考えているからこそ、問題がこじれてしまうのです。家族や身元保証人を呼んで事情を説明して、休むことを説得してもらうなど、**とにかく休んでもらうことが一番**です。

もちろん、家族や身元保証人を呼ぶことについても、本人に話して同意を得ないといけません。たしかに体調が悪く思考力が低下した社員を説得することは大変な部分も多いのですが、個人情報を取り扱う場合でも、生命に関わることは本人の同意がなくても構わないこととされています。場合によっては人事担当者が勇気をもって、家族を呼ぶことを決断する必要もあります。その際には、後日、その経緯を説明できるように記録を残しておく必要があります。

ちなみに、個人情報保護の除外規定については、個人情報保護法23条に明記されています。

〈個人情報保護法第23条〉

個人情報取扱事業者は、次に掲げる場合を除くほか、あらかじめ本人の同意を得ないで、個人データを第三者に提供してはならない。

一　法令に基づく場合

二　人の生命、身体又は財産の保護のために必要がある場合であって、本人の同意を得ることが困難であるとき。
三 公衆衛生の向上又は児童の健全な育成の推進のために特に必要がある場合であって、本人の同意を得ることが困難であるとき。
四 国の機関若しくは地方公共団体又はその委託を受けた者が法令の定める事務を遂行することに対して協力する必要がある場合であって、本人の同意を得ることにより当該事務の遂行に支障を及ぼすおそれがあるとき。

## 05

# 社員を病院へ連れて行くための伝え方

### 相談から医師の診察まで

本人から相談を受け、医師の受診が必要だと判断した場合には、そのことをきちんと相手に伝えるようにしましょう。必要に応じて、本人の同意を得た上で、上司や人事担当者が一緒に病院へ行くことも想定しておくべきです。

その際、本人への伝え方については、「自分は医者ではないので適切な判断ができません。体調が心配なので、まずは産業医や精神科医に相談してみましょう」と言うようにしてください。**変にごまかすのではなく、率直な言葉で伝えることが大切**です。

上司や人事担当者が一緒に病院へ行く場合には、「一人で行かせるのは心配だし、会社での状況もきちんと伝えたいので、一緒について行きます」と伝えるようにしてください。「**君の身体のことを考えて**」というニュアンスを持たせるよう、配慮しましょう。

本人だけで病院に行かせてしまうと、本人が自分の病状に自覚のない場合には「会社が行けと言うので来ました」というように、メンタルヘルス不調の症状をうまく伝えられない場合が少なくありません。そこで、もし医者が「問題ない」と判断してしまえば、その後の対応に苦慮することになります。

産業医が面談して、産業医が病院宛へ紹介状を書き、そこに、本人の症状や会社での勤務状況、仕事のパフォーマンスなどを記載してくれるのがベストですが、そうでない場合には、なるべく上司または人事担当者が一緒に行き、本人の勤務状況（仕事のパフォーマンス、有給取得や欠勤の状況など）についてきちんと説明するようにしてください。

**職場での状況をしっかりと伝えることが大事**です。職場を休みがちの場合は、勤務表の写しを持っていって、診察する医師に見せましょう。仕事で初歩的ミスを犯したり、与えられた仕事がこなせなかったりする場合は、具体的な事実を診察医へ明確に説明しましょう。

主治医に対しては、会社の制度についても伝えるようにしましょう。「**どのくらいの期**

**間休職できる制度があるのか」「休職期間中は、どの程度給与補償があるのか」**についてなど、主治医にきちんと伝えておくことによって、社員だけでなく主治医も安心して治療に専念することができます。

また、正しい診断をしてもらうために、本人の職場での言動についても説明しておきましょう。具体的には、以下のような項目についてです。

- **日によって、体調や気分の変化が大きい**
- **イライラがひどく、人に対して攻撃的な言動をとる**
- **注意（指導）をしても、自分勝手な理屈を言って受け入れない**
- **いくら指導しても、初歩的なミスを繰り返す**
- **職場の同僚と、うまく人間関係を築けない**

産業医と面談してもらい、産業医から社員の病状に合った治療をしている病院の紹介を受け、紹介状を書いてもらうこともよい方法でしょう。医者から医者への医療情報提供という制度がありますので、産業医からの紹介があれば、主治医としても安心して対応できるはずです。

## 正しい病院の選び方とは

受診する病院の選び方については、いくつか注意点があります。

まず、**予約せずにすぐ診てもらえる病院はあまりお勧めしません**。とくに近年は、精神科クリニックを受診する人が増えており、最初に診察する際には、患者の話を丁寧に聞く必要があるために、基本的には予約制にしているクリニックが増えています。駅前など好立地のところで予約なしに、いつでも受診できるところは、体調が悪くて予約した日まで待てない場合だけ、利用されるほうが良いでしょう。

また、**病院のホームページの見た目の良さだけで受診する病院を決めることも控えましょう**。チェックポイントとしては、診察を行う医師のプロフィールです。精神神経科学会専門医や日本心療内科学会専門医、精神保健指定医などの資格を持っているかどうかも確認しておきましょう。

大都市圏で定評のある医院は、少なくとも2～3週間待ちがほとんどです。中には2～

3カ月待ちというところもあります。会社が休日の土曜日に診察を予約しようとすると、予約がそれだけ先になりますので、体調が悪いときには、上司に事情を話して有給をとって、平日に予約を取ることをお勧めします。

自分ではなかなか選べないという場合には、「公益社団法人日本精神神経科診療所協会」「公益社団法人日本精神科病院協会」「うつ病リワーク研究会」を利用してみてください。こちらで検索すれば、協会に所属している病院を見つけることができます。

> 公益社団法人日本精神神経科診療所協会（ＪＡＰＣ）
> http://www.japc.or.jp/index.html
> 公益社団法人日本精神科病院協会
> http://www.nisseikyo.or.jp/
> うつ病リワーク研究会
> http://www.utsu-rework.org/

半年間から1年間ほど通っても病状が改善しないのであれば、他の病院のセカンドオピニオン外来を受診することをお勧めします。ただ、**インターネットで、自分の病気のことをいろいろと調べることは控えてください**。精神疾患の治療は、患者と主治医との信頼関係を基本にしますので、ネットに書かれたことを真に受けて、信頼関係を壊してしまうと、いくら良い薬を処方されても効きません。

それと、**薬だけ飲めば治るという考えも間違いです**。お酒を飲まないこと、夜更かしせずに、夜10時〜11時には寝ること、夜パソコンやスマートフォンなどを扱わないことなど、生活習慣の改善も大切です。それをしないで、薬が効かないと考えるのは間違いです。

セカンドオピニオン外来を受診するかどうかについては、産業医や上司、人事担当者、家族などに相談して決めることを強くお勧めします。なお、セカンドオピニオン外来を受診する際には、通院している主治医へ診療情報提供書を書いてもらう必要があります。

## 絶対に言ってはいけないこと

社員から相談を受けた際も同様ですが、社員を病院へ連れて行く場合にも、言ってはいけないことがあります。

たとえば、**「うつ病」などの病名を言わない**こと。それだけで不安を助長してしまう可能性があります。

また、「代わりはいるので休んでも大丈夫です」などの言葉もＮＧです。「休んでもいい」というニュアンスを主張したいからかもしれませんが、本人としては傷ついてしまいます。注意しましょう。

とくにメンタルヘルス不調の人は、言葉に対して敏感になっている可能性があります。そのため、「あなたの身体が大事なので、じっくり治すようにしてください。そのために、病院へ行きましょう」と、丁寧に伝えることが大切です。

「心」や「精神」といったワードを主語にするのではなく、**「あなたの身体」を主語にするようにしてください**。細かい部分ではありますが、言い方ひとつで伝わり方も変わるのです。

あとは、「早く治しましょう」という言葉も、相手にとってはプレッシャーになる可能性があります。もちろん、早く治してこれまで通り仕事をしたいのは本人も同じですが、そのことが、相手を焦らせてしまうこともあるのです。**「じっくり治しましょう」**と言ってください。

その他の注意点としては、「いつになったら復職できますか？」という質問に答えないことです。あくまでもじっくり治すべきもので、回復までの期間が個々人によって大きく異なるため、決まっているものではありません。**「体調の回復度合いで決まるので、今はわかりません」**と答えましょう。

伝え方ではありませんが、休むための仕事の「申し送り（引き継ぎ）」に関しては、本人任せにしないようにしてください。メンタルヘルス不調の人は、集中力が低下しています。そのため、申し送りを本人任せにすると時間がかかりすぎてしまいます。上司から具体的に業務のどの部分を誰にどこまで申し送るのか指示してください。

申し送りが完了しないと、スムーズに休職することができません。そのため、上司が手伝って、適切に対応するようにしてください。**少なくとも、本人だけに任せることのないようにしましょう**。

それと、意外に多いのは、休職中に顧客から直接休んでいる社員へ問い合わせが行ったり、業務でわからないことがあるたびに、職場から休んでいる社員へ問い合わせたりすることです。そのようなことがないように、休職する前には、会社が貸与した携帯電話や会社へ入館する際に使用するセキュリティーカードを返却してもらうことが大切です。また、リモートで、休職中に自宅から会社のメールを閲覧できないように社内ネットワークの設定を変更しておく必要もあります。

業務で、どうしても休職した社員しかわからないことがあれば、頻繁に問い合わせをすることはせずに、**質問することは最低限にして、事前に人事担当者や産業医に相談の上、連絡を取るようにお願いします**。くれぐれも現場の勝手な判断で問い合わせをしないようにしましょう。

第４章

# もし、メンタルヘルス不調になってしまったら②復職

01

# 職場復帰への手順（ステップ）

## 職場復帰への理想的な流れとは

メンタルヘルス不調による休職から職場復帰の流れについては、厚生労働省が発表している『心の健康問題により休業した労働者の職場復帰の手引き』（以下、「手引き」）が参考になります。流れとしては以下の通りです。

第1ステップ　病気休業開始及び休業中のケア
第2ステップ　主治医による職場復帰可能の判断
第3ステップ　職場復帰の可否の判断及び職場復帰支援プランの作成

## 第4ステップ　最終的な職場復帰の決定
## 第5ステップ　職場復帰後のフォローアップ

第1ステップの「**病気休業開始及び休業中のケア**」では、本人から上司や人事担当者あてに診断書が提出され、休業する段階です。

その際、休業に関する事務手続きや、職場復帰までの流れを説明しておきます。本人が安心して治療に専念できるよう、「休職中の給与補償」や「傷病手当金の申請方法」「相談先」「休職期間」などについても伝えておく配慮が求められます。

第2ステップの「**主治医による職場復帰可能の判断**」では、休職している本人から復職の相談を受け、主治医が判断する段階です。

ただし、主治医の判断は、必ずしも業務遂行能力が回復していることを認めるものではありません。復職先の職場の現状をよく知っている産業医等を含めて、最終的な復職の判断をすることが大切です。

復職について判断するのは主治医と考えている上司や人事担当者は意外と多いです。「手引き」には、「現状では、主治医による診断書の内容は、病状の回復程度によって職場復帰の可能性を判断していることが多く、それはただちにその職場で求められる業務遂行能力まで回復しているか否かの判断とは限らないことにも留意すべきである。また、労働者や家族の希望が含まれている場合もある。そのため、主治医の判断と職場で必要とされる業務遂行能力の内容等について、産業医等が精査した上で採るべき対応について判断し、意見を述べることが重要となる。」と明記されています。

第3ステップの「**職場復帰の可否の判断及び職場復帰支援プランの作成**」では、職場復帰をスムーズに行うために、必要な支援プランを作成する段階です。

内容はできるだけ具体的なものとし、上司や人事担当者、本人はもちろん、現場の産業保健スタッフとも連携して作成します。項目としては、「職場復帰日」「管理監督者による就業上の配慮」「人事労務管理上の対応」「産業医等による医学的見地からみた意見」「フォローアップ」などがあります。

第4ステップの「**最終的な職場復帰の決定**」では、「第3ステップ」で作成したプランをもとに、事業者による最終的な職場復帰について判断します。本人の状態を確認することはもちろん、就業上の配慮や意見書の作成を経て、最終的に決定します。

第5ステップの「**職場復帰後のフォローアップ**」では、職場復帰後の上司による観察や支援、産業保健スタッフによる支援プランについて、適宜、評価や見直しを実施します。職場復帰したまま放置するのではなく、丁寧な対応を心がけましょう。

厚生労働省『改訂　心の健康問題により休業した労働者の職場復帰支援の手引き』
http://www.mhlw.go.jp/new-info/kobetu/roudou/gyousei/anzen/101004-1.html

## 最終的に判断するのは会社

産業医が常駐していない多くの企業では、主治医が作成した診断書をそのまま鵜呑みにしてしまう場合があります。しかし、そのような対応には注意が必要です。

たとえば、よくあるのは、「職場復帰可能。ただし、軽減勤務が望ましい」という診断書が出された場合です。文面上は、たしかに職場復帰させても問題ないように受け取れますが、それだけを判断材料として復職させてしまうと、仕事がうまくできずに問題が生じることがあるのです。

そのような状況が生じる理由としては、精神疾患の診断治療では、血液検査やX線検査のような客観的検査はなく、本人の訴えをもとに判断するしかないためです。しかも、仕事がうまくこなせるかどうかという指標は、病気の治療で必要な所見とされていません。

そのため、会社としては**主治医にきちんとヒアリングを行うことが大切**です。また、産業医ともきちんと連携し、病状を確認した上で最終的な判断をしてください。本当に働けるかどうかについては、診断書だけでは判断できないものなのです。なお、「手引き」に記載されている職場復帰可否の判断基準の例が以下の通り記載されていますので、参考にしてください。

- **労働者が十分な意欲を示している**
- **通勤時間帯に一人で安全に通勤ができる**
- **決まった勤務日、時間に就労が継続して可能である**
- **業務に必要な作業ができる**
- **作業による疲労が翌日までに十分回復する**
- **適切な睡眠覚醒リズムが整っている、昼間に眠気がない**

### ・業務遂行に必要な注意力・集中力が回復している

また、軽減勤務についても、**「どこまで業務量を減らすべきか」「業務時間をどこまで配慮できるか」**ということを、あらかじめ確認しておきましょう。最終的な判断は会社側がしなければなりません。責任のある対応が求められます。

いずれにしても、**メンタルヘルス不調は客観的に明確な診断基準がありません。**主治医が作成した診断書についても、そのことをよく理解した上で、適切に判断するようにしましょう。

## 状況に応じた対処が必要

会社では、就業規則により休職期間が定められています。また、社員の労働契約（正社員契約・契約社員契約・パート社員契約など）によっても休職期間が異なっていることがよくあります。

本人としては、そのような会社の就業規則や契約内容について、十分に把握していないことも考えられます。メンタルヘルス不調の場合、記憶力が低下していることもよくあるので、「休職期間」「休職中の給与補償」などは書面にして、休職前にあらかじめ伝えておいた方がいいでしょう。その際には、弁護士や社会保険労務士などに事前に相談することをお勧めします。

場合によっては、必要なことを伝えていないために、トラブルに発展してしまう可能性もありますので、丁寧な対応が必要になります。

筆者の経験では、会社のほうから書面で休職や復職に関係する事項や手続きについて説明していたにも関わらず、その後「説明を聞いていなかった」と言われて困ったケースがあります。ですから、この件については、手間でも繰り返し説明する必要がありますし、病状が悪い場合には、本人だけでなく家族や身元保証人にも説明しておく必要があります。

そのため、**休職から復職についての流れをきちんと説明し、社員本人だけでなく、家族または身元保証人へ会社の制度や契約についても伝えておくことが大切です**。会社にとっては、本人が身体をじっくり治してもらい、また仕事をしてもらうのがベストです。誠意ある対応を心がけましょう。

# 02 職場復帰への対応①本人

## 人事担当者と連携して対応する

職場復帰への対応として、まず、「本人」について考えていきます。

本人は、メンタルヘルス不調の当事者であり、休職をしているため、なるべく早く身体を治したいと考えているはずです。ただし、体調的にも不安定なため、正常な判断ができないことが多くあります。

そこで、上司や人事担当者としては、**本人の同意を得た上で、主治医に会うのがベスト**です。本人の同意を書面として得られれば、主治医からの診療情報の開示も可能となります。

主治医に会うことができたら、**会社の状況や本人の仕事内容についてきちんと説明し、今後について話し合ってみるといいでしょう**。状況を理解してもらえば、本人の体調も踏まえて、より適切な判断ができるようになるはずです。

また、**会社側のスタンスを主治医に伝えることも大切です**。主治医としても、会社側がどのように考えているのかがわからなければ、判断が難しくなってしまうものです。

会社側のスタンスを説明し、安心して治療してもらうようにしましょう。

## 患者本人以外に会わない主治医も

もっとも、最近では、患者本人以外には会ってくれない主治医もいるので注意が必要です。なぜでしょうか。

その理由は、会社の上司や人事担当者と主治医が対面で話をすることによって、患者本人からクレームを受けてしまう危険性があるからです。

たとえば、上司や人事担当者が「主治医からこういう話を聞いたので、復職するのは時期尚早ではないか」と患者本人へ伝えたとき、患者本人としては「いや、そこまでの話をして良いとは許可していません」と、主治医にクレームをつける場合があるからなのです。

そうなると、困るのは主治医です。必要な話をしたと思っていたのにも関わらず、本人から文句を言われてしまう。場合によってはトラブルに発展してしまうかもしれません。そのような事態を避けるために、患者本人以外の人とは会わない主治医もいるのです。

また、患者本人としては問題なくても、その家族からクレームをつけられる場合もあります。とくに最近では、患者家族の側からのクレームによって、トラブルに発展するケースもあります。そのため主治医としても、自分の病院経営のリスクマネジメントの観点から、患者本人や家族としか会わないようにしているのです。

そのような場合、**上司や人事担当者としては、書面でやり取りするしかありません**。ただ、書面でのやり取りでは踏み込んだ話ができず、当たり障りのない回答となってしまうことも多いものです。

主治医に会えないのであれば、本人やその家族と相談するなどして、コミュニケーションを深めていくしかありません。

精神科主治医は、第1章で記したように、患者本人と治療契約を締結し、患者から治療費をもらう立場である以上、会社の安全配慮よりも患者の意向を尊重する立場にあることは忘れないでください。休職せずに安全に業務をすることよりも、病気を治すことを優先に考える立場です。

一方、産業医は、会社と契約し、会社の安全配慮を尊重し、復職した社員が、会社の指定した職場で与えられた業務を、安全に再休職せず遂行できるかどうかで判断する立場です。言い換えれば、患者本人の業務内容や役職、職場環境、労働契約などの事例性を考えて判断する立場です。

会社が主治医とコミュニケーションして、会社の事情を考慮した判断を、主治医へ求めることは所詮無理なことなのです。**会社として、復職の判断に迷う場合には、産業医に意見を求めることが大切です。**

## 注意すべきは生活習慣

職場復帰にあたり、本人に求められるのは、治療を受けて病状を改善することだけでなく、**生活習慣を整えること**です。とくに、就寝と起床時間が大切です。復職しようと思っても、出勤時間に間に合う生活リズムが構築できなければ、復職することはできません。

具体的に言いますと、休職中に朝7時に起床していたのに、通勤時は交通事情により朝6時に起床しないと職場に定時出勤できない場合は、復職前に朝6時に起きる生活リズムに慣れる必要があります。朝1時間早く起きることは結構きついので、事前に練習が必要です。

とくにメンタルヘルス不調の治療には、睡眠時間の確保が欠かせませんので、生活リズムを整えつつ、きちんと睡眠がとれるようにしておくことです。先の例で言いますと、自宅療養中に、朝7時に起きていた人が朝6時に起きる場合には、睡眠時間を削らずに、就寝時刻を1時間早めにする必要があります。

あとは、飲酒やカフェインの摂取については控えてください。タバコも控えたほうがよいです。特に夜の喫煙は厳禁です。いずれも睡眠を浅くする原因となります。「生活リズム」という観点では、スマートフォンやパソコン、タブレットなどの情報端末機器の使用にも気をつけるべきでしょう。夜、そういうものを扱うと、せっかく寝つきをよくしたり、しっかり眠れるような薬を飲んでいても、効き目が悪くなる危険性があります。また、インターネットで精神疾患に関する記事を検索すると、どうしても不安をあおる記事に目が行ってしまいます。

たとえば、「自分の病気はどのようなものなのだろう」「どのくらいの期間で治るものなのか」と考えて検索してみると、正確性を欠く情報もたくさん出てきます。とくに多いのが不安をあおる内容です。

余計な不安を抱えてしまえば、回復までの期間が遅くなる可能性もあります。また、インターネット上の情報を真に受けて、薬を飲んだり飲まなかったりするのも、治療を長引かせる原因となります。

近年では、「フェイクニュース」なども存在しています。インターネットやSNSに掲載されている記事を真に受けないで、不明な点は精神科主治医や産業医、保健師などに聞いて確認することにしてください。

その他にも、自宅療養で知ってもらいたいことがあります。

ひとつは、自宅療養した当初はまず「**疲れをとる練習**」をしてもらいたいということです。「規則正しい生活が大切」と言われても、自宅療養第1日目から、通勤していたときと同じように過ごすことはなかなか難しいものです。脳神経系が疲れていますので、朝起きづらいことはよくあることです。そこで、無理をして、家族の人に起こしてもらうことは控えたほうがよいです。

以下の注意点に記したように、朝は目覚まし時計をかけずに、自然に目が覚めるまで寝たほうがよいです。ただ、朝7～8時には、家族に頼んで、カーテンを開けたり、部屋の電灯をつけたりして部屋を明るくしてもらうようにしてください。同居の家族がいなければ、カーテンを少し開けて、朝カーテンの隙間から外の光が差し込みようにするだけでもよいです。

人間は寝ていても、明るい部屋で寝ていれば、脳は日中であることは認識できるので、病状の改善とともに、睡眠リズムを整いやすいです。絶対に、遮光カーテンを使って、日中も暗い部屋で寝るようなことはしないようにしましょう。

筆者の経験では、自宅療養して最初の1カ月間ぐらい昼まで寝る方が多いです。若い人ですと夕方まで寝ている人もいます。しかし、元気になってくると、自然に朝早く起きてきますので安心してください。言い換えれば、病状は睡眠時間の長さで推測するとわかりやすいです。参考にしてください。ただ、睡眠時間が長いと運動量が減って、体重が増加しやすくなります。食事はバランスよくとることが必要ですが、お米やパンなどの炭水化物系は少なめにしてください。

その際の注意点を列挙すると以下の通りです。

・朝、目覚まし時計をかけない

・コーヒーや紅茶などのカフェイン飲料、お酒を飲まない。辛いものを食べない

・決められた薬をきちんと飲む（薬を飲んでだるくなるくらいが良く効いている証拠）

・家でコンピュータ、TVゲーム、インターネットをしない

・（日中、昼寝をしても）夜9～10時には寝る

・昼寝をするなら日当たりのよい部屋で行う（カーテンを閉めずに開けたままにする）

・涙を流すことも大事にする

・お風呂で湯船につかる（少しぬるめのお湯で結構です）

・食事は栄養バランスを考えて、野菜、肉・魚などのたんぱく質、米やパンなどの炭水化物をとる

・寝ているときにいびきがある場合は、呼吸器内科や耳鼻咽喉科で睡眠時無呼吸症候群の検査を受ける（睡眠時無呼吸症候群があると、うつの薬や睡眠を改善する薬が効きにくいため）

・慢性鼻炎、花粉症などのアレルギー性鼻炎がある人は、必ず耳鼻咽喉科で鼻の検査を受け、必要があれば治療を受ける（鼻の通気が悪いと、睡眠中の呼吸が浅くなる

**ため）**

**・タバコを吸っている人は、夕方以降の喫煙を控える**

週に2〜3日は、朝普段通りに起きられるようになり、掃除・洗濯などの家事ができるようになったら、次に「**再発を防ぐ練習**」をしましょう。

この時期になると、体のだるさや気分の落ち込み、やる気の低下などの症状がかなりなくなってくるので、復職できると思いがちです。しかし、そう思って復職すると、筆者の経験では、復職後1年以内に、再び病気を悪化させて再休職することが多いです。そうならないように、再発を防ぐ練習が大事になります。

この時期は、病状の度合は、症状よりも毎日の行動で考えてください。どれだけ多く行動するかではなく、決められたことを毎日継続してできるか、病気になる前の自分の行動量を10としたら、半分から3分の2程度に抑えて行動が自分でコントロールできるかどうかで考えましょう。

自分では、再発を防ぐ練習を行うことがなかなか難しいと思う場合は、うつ病リワーク研究会に所属している医療機関で、リワーク（職場復帰支援）プログラムを受けたり、各都道府県の独立行政法人高齢・障害・求職者雇用支援機構　地域障害者職業センターのリワーク支援、就労移行支援事業所を利用するようにしてください。うつ病リワーク研究会に属していない医療機関でも、「(リワーク) デイケア」という名前でリワークプログラムを行っていることがありますので、医療機関に問い合わせて、事前にプログラム内容を確認してみてください。

> うつ病リワーク研究会
> http://www.utsu-rework.org/index.html
> 独立行政法人高齢・障害・求職者雇用支援機構　地域障害者職業センター
> http://www.jeed.or.jp/location/chiiki/

再発を防ぐ練習のポイントは以下の通りです。

- **身体を動かしたくなったら、散歩を30分程度だけにする(夕方の散歩がお勧め)**
- **自己啓発書や仕事関係、資格取得、病気関係の本を読まない(ただし、認知行動療**

法や森田療法などの本、エッセイや短編小説はよい）
・ネットサーフィンやメールチェックをしない（どうしてもしたかったら、昼間に30分までにする。夜は絶対にしない）
・新聞や雑誌は斜め読み（読書は30分～60分以内。切りが悪くても、時間になったら翌日にする）
・DVDや動画の視聴は、昼間1～2時間までにする
・昼食後、30分程度、横にならずに目を閉じて休む。そのまま昼寝をしていても気にしない。昼寝をしていたら、まだ疲れが残っていると思うこと
・したいことを4分の1に減らす
・瞑想、座禅、ストレッチ体操などをして、ゆっくりと過ごすことに慣れる
・休職していることを知らない友人や家族・親戚に連絡をとらない。連絡をして、仕事のことが話題に出ても、真に受けない
・飲み会や買い物、お茶会などの誘いを受けても、日程が合わないと言って断る

次に、「**体力をつける練習**」について説明しておきましょう。

平日夜10時くらいに寝て、朝6～7時に起きて、掃除や買い物などの家事をしても、日中の眠気や昼寝が生じなくなって、1カ月間以上経ったら、復職しても大丈夫なように体力をつける練習をします。その際に、繰り返しになりますが、運動量ではなく、継続してできるかどうかに注目してください。

筆者の経験で、スポーツジムに毎日通って、運動を1日2～3時間している人をみかけますが、そういう人に限って復職後1年以内に体調を崩します。そういう人はスポーツジムを「仕事」にして「頑張っている」のであり、よくありません。自分の体調を毎日確認し、自分の体調に見合った生活の仕方をするように選ぶことができることが大事になります。病気で低下した自分の体力を自覚し、細く長く、エコ運転みたいに生活できることが大事になります。

**①通勤していた時間に起きる練習をする（その際に、睡眠時間を削らずに、早く寝て早く起きることが大事）**
**②平日、午後4時ごろに、1時間ゆっくり寄り道感覚で散歩をする**
**③平日、午前と午後に、1時間ずつ散歩をする**

**④平日、午前と午後の散歩と、午前中に図書館で新聞や雑誌を読む（一人暮らしで、実家へ戻って療養していた場合は、休職前の住居へ戻って生活をする）**
**⑤平日、通勤時間帯に合わせて、職場の最寄り駅まで通勤してみる（1カ月間程度）**

筆者の経験上、①から⑤のステップへ、3～4週間の間隔で移行することをお勧めします。途中で日中の昼寝や日中の眠気が生じたら、十分な体力がないので、一つ前の段階でしばらく練習をしましょう。

最後に、治療中に留意しておきたいポイントについて補足しておきます。

- **精神疾患で治療中の人はお酒をやめる（カフェインを含む栄養ドリンクやトクホ飲料、エナジードリンクなども飲まない）**
- **いびきをかく人は、睡眠時無呼吸症候群と慢性鼻炎（アレルギー性鼻炎、蓄膿症）の検査を必ず受ける**
- **うつの薬を飲んでもよく眠れない人は、甲状腺機能検査を、喫煙者は肺機能検査を受ける**

・住宅ローンがある人は、司法書士や弁護士に相談して経済的負担の軽減する方法を相談する。個人で住宅ローン会社へ相談しない。必ず、司法書士や弁護士を通して問い合わせをする

・奨学金の返済ができない場合は、日本学生支援機構などの奨学金を支給した組織に問い合わせて、「返還期限の猶予」の手続きをする

03

# 職場復帰への対応②　事業者や上司

## 上司ではなく人事担当者が会う

メンタルヘルス不調の社員が職場復帰するために、現場の上司や人事担当者がとるべき対応は、**患者本人と会って体調を確認すること**です。

ただ、現場の上司がいきなり本人に会おうとすると、上司がそのつもりでなくても、社員としては「復職を求められる」というプレッシャーを感じる可能性があります。そこで、上司ではなく、人事担当者が本人から話を聞くようにするといいでしょう。

人事担当者であれば、上司のように、現場について気を遣うことなく話を聞くことができます。また、つい現場の話をしてしまうなど、本人にとって聞きたくない話題も避けることができるはずです。

もし、人事担当者とも話ができない状態であるのなら、復職はまだ先ということになります。話ができるかどうか、そして話の内容を含めて、復職の判断を進めていくことになります。

主治医はもちろんのこと、産業医や保健師などとも話し合い、会社として最適な対応を検討するようにしてください。少なくとも、**焦って復職させるということがないようにするべきです**。

万が一、上司に対して本人から「元気になったから復職したい」と伝えてきた場合であっても、上司だけで勝手に許可してはいけません。上司が独断で判断してしまうと、労務トラブルに発展してしまう可能性もあります。

そのため、上司が本人から復職に関する相談を受けた場合は、「元気になってよかったですね。ただ、いつから復職するかは人事担当者に相談して決定するので、しばらく待ってください」と伝えるようにしましょう。その上で、人事担当者に伝えてください。

心情的には復職させたいとしても、復職後一人前に職務ができなければ、本当の意味で復職とは言えません。時短勤務ができたり、軽度な仕事ができたりするだけでは、かえって職場に負担がかかってしまいます。注意してください。

## 産業医から主治医への相談も

すでに述べているように、主治医の中には本人以外とは会わない人もいます。患者とのトラブルを避けるために、上司や人事担当者など、本人以外とは会わないという方針の場合です。

そのようなときには、産業医に相談してみましょう。たとえ主治医が会ってくれなかったとしても、産業医に相談し、産業医から主治医へ問い合わせをすることによって、状況を把握する可能性が高くなります。精神医学に関する専門用語は、わかりづらく、一般の人には誤解を招きやすい用語もありますので、主治医としては、医学の素人と話をするよりも、産業医のように医療従事者に話をするほうが誤解をされず安心します。問い合わせだけでなく、手紙でのやり取りでも構いません。ただ、その際には、患者本人から医療情報開示に関する同意書を書面で得ておく必要があります。

いずれにしても、まったく状況がつかめない状態では、復職可能という診断書だけで、本人を復職させることはできません。会社としても、とるべき対応がわからないままとなってしまいます。ですので、少しでも状況を把握できるように、工夫してみてください。もちろん、「手引き」に従って、患者本人を産業医と面談させることも必要です。

精神科主治医や産業医から得られた情報を元に、復職プランを検討してくことになります。

## 家族経由でのやりとりも

患者本人から提出される診断書からしか、患者の状態がわからない場合には、上司や人事担当者から、患者本人の家族に問い合わせてみましょう。その際には、事前に患者本人へ、**「直接連絡がとれなくて心配なので、家族へ連絡をさせてもらいます」**と一言連絡をしておきます。

家族と連絡がとれたら、**「会社として本人の体調について確認したいことがあるので、協力していただけないでしょうか」**と、打診してみるのです。家族の方も、本人に回復してもらいたいという気持ちは同じなので、前向きに協力してもらえることでしょう。

その際に、**会社の事情についても、きちんと説明しておくことが大切**です。会社の事情が不明確なまま、家族に話を進めてもらうのは難しいはずです。とくに、誤解が生じたままにしてしまうと、思わぬトラブルにつながりかねません。

中でも**補償や休職期間など、経済的な問題に直結することについては、お互いに認識の齟齬《そご》がないようにするべき**です。会社として、どこまで対応できるのか、どのような対応は難しいのかと、きちんと開示しておきましょう。

双方が理解を深めていれば、大きな問題に発展する可能性は少なくなります。また、きちんとした協力関係ができていれば、物事もスムーズに進めやすくなるのです。

主治医から話を聞く際も、たとえ上司や人事担当者が会えなかったとしても、家族であれば話を聞くことができるはずです。そのときに、「どのようなことを言っていましたか？」と聞けば、状況を把握できるでしょう。

ただ、最近は核家族化や高齢化が進んでいるからなのかどうかわかりませんが、「もう息子（娘）は成人なので、子供のことで会社から問い合わせをされても困ります」「本人の希望する通りに、会社のほうで対応願います」と、家族から協力を拒まれることがあります。その際は、言葉を真に受けずに、そういう家族がいるからこそ、慎重に休職や復職手続きをしないといけないと思ったほうがよいです。

また、核家族化や高齢化の進行によって、**家族がメンタルヘルス不調の原因になることも少なくありません**。親子関係がうまくいっていなかったり、病弱な親の面倒を見なくてはならなかったりなど、問題を抱えている人も少なくないのです。だから、会社の人事担当者が家族と連絡がとれると、患者本人の背景がわかり、病気の回復や復職に必要なこともわかってきます。

最後に、自宅療養中の社員への対応について、ポイントを列挙しておきます。実際の対応時の参考にしてみてください。

- 「身体が大事だから、じっくり治してください」と言う
- メールや電話での見舞いは控える
- 同僚からの見舞いも控えさせる
- 事務連絡は事務的に「手紙」で行う（メールは患者本人へ直接届くが、手紙であれば、家族のものが代わりに開封して確認することができるため）
- 「元気か？」「体調はどうだ？」と言わない

・気晴らし、飲み会、遊びに誘わない
・「無理をしない程度に」「好きなことをしたら」と言わない
・SNSなどで、休職中に旅行へ行っていることが記載されていたら、その事実を確認して、旅行せずに自宅療養することに専念するように注意する

04

# 職場復帰への対応③　家族

## 過度な干渉は禁物

上司や人事担当者にとって、患者の家族は、復職を判断する情報を得るための強い味方となります。では、その家族の方はどのような対応を心がけるべきなのでしょうか。

注意すべきなのは、**家族の方が患者本人に対して過度に干渉しすぎてしまうこと**です。メンタルヘルス不調だからと、気を遣いすぎてしまったばかりに、家族までが体調を崩してしまうケースが少なくありません。

主治医から言われたことを実現するために、家族が自分の時間を割いてまでケアしようとする。その結果、家族の生活リズムが崩れてしまい、患者本人だけでなく、家族の方ま

**図表7　共倒れ「うつ」が生じる悪循環**

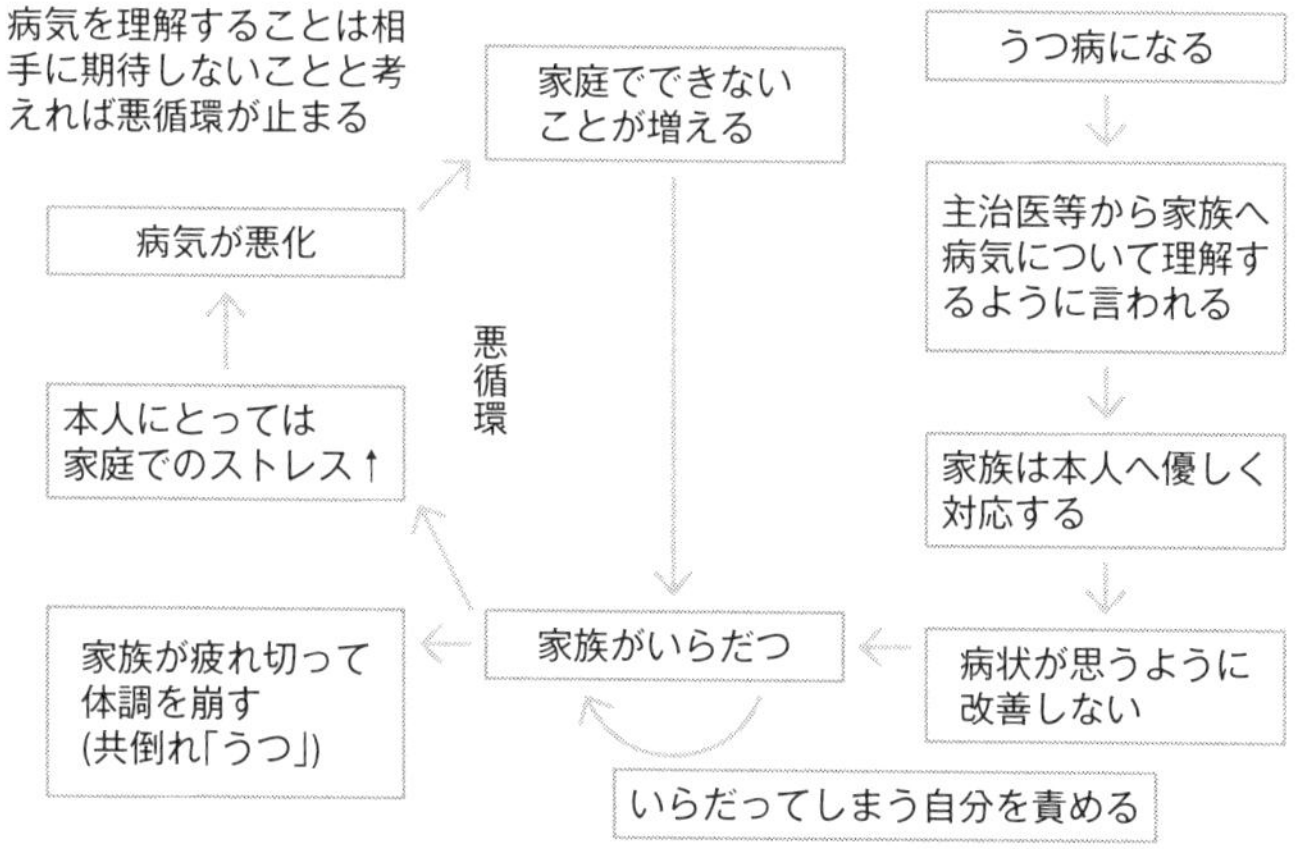


で不調になってしまう場合があるのです。

たしかに、患者本人はケアを必要としています。ただ、それで家族の人までが体調を崩してしまっては意味がありません。できる範囲だけのケアをすることは大切ですが、過度に干渉しないように注意してください。

最悪の場合、患者本人が回復しないばかりか、家族まで共倒れになってしまう可能性もあります。共倒れとなってしまうパターンには、図表7のような流れがあります。

「患者本人がうつ病になる」→「主治医から家族へ病気について理解するように言われる」→「家族は本人へ優しく対応する」→「症状が思うように改善しない」→「家族がいらだつ」→「家族が疲れ切って体調を崩す」

本人にとってみれば、「家庭でのストレス」→「病状が悪化」→「家庭でできないことが増える」→「家族がいらだつ」の悪循環となってしまします。このようにならないよう、気をつけましょう。

そのためには、**「病気を理解する」ことは「優しく接する」ことではなく、「期待しない」ことだと理解する**と、楽になります。

「うつ病」という病気は、すぐには回復しないものですから、「早く治してもらいたい」と期待せず、「時間がかかるので仕方がない」と思ったほうがよいです。長く休むことで経済的に困るのであれば、事前に親に相談したり、パートナーが働きに出たり、司法書士や弁護士に相談して住宅ローンなどの対応について相談したほうがよいです。

また、主治医に対しては、家での様子についてきちんと伝えておくことが大切です。正しい診断と治療に結びつけてもらうために、以下の項目について確認して、気になったことを伝えておきましょう。

- **イライラで、家族や子どもに強く当たる**
- **ドカ食いなど、食事にムラがある**

・毎日ジョギングをしたと思うと、毎日昼寝をしたりするなど、行動にムラがある
・注意しても、言うことを聞かない
・深夜にＰＣやスマホ、ゲームをしている
・ひとつのことに熱中すると止まらない（パチンコ、ＤＶＤ、ゲームなど）
・自分勝手な思い込みが強すぎる
・お酒を毎日、飲んでいる

## 伝え方を工夫してみる

家族の対応としては、最低限のケアはしつつも、その他の部分については本人に任せるしかありません。正すべき習慣を注意するにしても、行うのは大人の相手です。信頼することが大切です。

ただ一方で、「叱ってはいけない」「注意してはいけない」と、過度に身構えてしまうのも考えものです。できるだけそっとしておこうと考えた結果、コミュニケーションが希薄になってしまえば、家族関係はギクシャクしてしまうでしょう。

その場合は、**伝え方を工夫してみる**ことです。たとえば、「ゴロゴロしているならゴミ捨てぐらい手伝って」と言うのではなく、「私としては、ゴミ捨てを手伝ってくれるとうれしい」と伝えるようにするのです。大切なのは、「**私は**」ときちんと主語をつけて丁寧に話すことです。

それでも、言い過ぎてしまうことがあったとしたら、「言い過ぎていたら、ごめんなさい」と素直に謝ればいいのです。最初から上手に注意しようとする必要はありません。

もちろん、「おはよう」や「おやすみ」など、日常会話についてはこれまで通り行うことが大切です。患者本人のために家庭内を変えようとしなくてもいいのです。できる範囲で構いません。

繰り返しになりますが、「病気を理解する」ことは「**期待しないこと**」です。「早く治ってほしい」と期待が強くなりすぎると、「まだ治らないの」と、家で体調が悪く横になっている家族に対してイライラしてしまう危険性があります。そのイライラ感を感じて、余計に体調が改善しないという悪循環が起こる危険性があります。

「そろそろ働けるんじゃない?」「もう十分、休んだでしょ?」などと思うようになってしまうのは、「早く治ってほしい」という期待の裏返しです。期待したい気持ちはわかりますが、「うつ病」は早く治らない病気なので、時間がかかることを前提にして、今後の自分の生活パターンを検討していく必要があります。

## 自分の生活パターンを崩さないこと

よくあるケースとしては、患者本人を家に一人きりにさせるわけにはいかないと考えて、自分の生活パターンを崩してしまうというものです。

たとえば、友人や知人との交流や、お茶会などのちょっとした用事で出かけるなど、これまでは普通に行っていたことを、患者本人のためにやめようとしてしまう。それで無理に、家にいようとします。

しかし、そのような判断は避けるべきです。なぜなら、自分の生活パターンを変えてしまうことによって、自分自身に対して余計にストレスをかける危険があるからです。その結果、ちょっとしたことで言い過ぎてしまったり、冷静さを欠いてしまったりすることもあるのです。

そのように、いつもと違ったことをしようと考えたり、生活パターンを崩してしまったりすると、家族が体調を崩し兼ねません。家庭内の空気が悪くなれば、治療にも影響を及ぼす危険性があります。ですので、**患者本人の病状に関わらず、お互いの生活ペースを維持しておくことが大切**です。主治医の指示通りに通院し、決められた薬を指示通りに飲んでいれば、家で留守番させても構いません。「ちょっと友達とお茶してくるので、留守番をお願いします」と言って、出かけてよいのです。

もし万が一、本人が「死にたい」と言っている場合や、家族に当たって手がつけられないということがあれば、躊躇《ちゅうちょ》することなく警察に連絡してください。警察の生活安全課に連絡すれば、警察が駆けつけてくれます。警察が家に来たら、病院へ通院していることを伝えて、今までの経緯を説明してください。

そのようなケースで、よく病院に相談する人がいますが、病院としては受付時間以外に対応することができませんし、患者本人が自分の病院まで来てもらわないと対応することは不可能です。救急車を呼んでも、本人の同意がなければ、病院へ搬送することができません。**ためらわずに警察の生活安全課へ連絡を入れることを覚えておく**とよいです。

最後に、家族内に「うつ病」「自立神経失調症」「パニック障害」などの精神疾患の人がいる場合の対応を以下の通り、箇条書きにしておきます。参考にしてください。

・「自分」は「自分」、「あなた」は「あなた」であり、自分で、自分の病気を治し、自分の人生を歩くことが基本になる
・患者本人は自分の体調がわからないので、言動に一喜一憂しない
・病気になった原因を探さない（原因はわからない）
・「私がもっと早く何とかしていれば……」と思って、自分を責めない
・「私は……と思う」「率直な気持ちを教えてくれると私はうれしい」のように、「私は」を主語につけて話す
・気晴らし、外出、運動、好きなことを勧めない
・家で、休むことを勧めてみる。ただし、言うことを聞かなくても自分のせいにしない。
・「常に誰かがそばにいないといけない」と思わない
・自宅で、家族に当たる言動があれば主治医や警察へ連絡する

05

# 職場復帰への対応④　主治医

## 職場復帰の判断

**職場復帰の判断にあたり、主治医が果たす役割は大きいです。**主治医の判断が、復職するかどうかを検討するひとつのきっかけになるからです。

ただ、あくまでも主治医の判断は、本人の意向を加味して行われています。その理由は、第1章の「主治医」と「産業医」の違いで説明しました。そのため、職場が求める仕事の遂行能力まで回復しているかどうかについては、判断してもらえるとは限りません。医学的に、「仕事ができるかどうか」という視点では、現在の治療では行われていないのが事実なのです。正確に言うと、病状が回復したら、たぶん「仕事ができる」でしょうという前提で判断されているのです。これが現在の精神医学の限界です。

結局のところ、メンタルヘルス不調には客観的に明確な基準がないため、主治医としても、本人や家族の意向を踏まえて診断するしかないのです。ですので、**最終的に復職の可否を判断するのは、やはり、会社ということになります**。

もし、産業医がいる会社であれば、産業医の判断もきちんと勘案し、その上で最終的な判断を下すべきでしょう。産業医なら、現場の状況や会社の内情についても把握しているので、総合的な判断が可能となります。

一方、主治医の判断だけを鵜呑みにして復職させてしまうと、上手くいかないケースが少なくありません。結果的に、軽い仕事しかできず、いつまで経っても復職前の仕事ができず、社内から不満が噴出することもあるのです。

２００９年（平成21年）3月23日に改定された『心の健康問題により休業した労働者の職場復帰支援の手引き』には、「主治医による職場復帰の判断は、職場で求められる業務遂行能力まで回復しているか否かの判断とは限らない」と明記されています。

このことはつまり、主治医が「試し勤務」の可否を判断できたとしても、復職できるかどうかまでは判断できないということです。また、主治医には「復職可能」という診断書作成に対する法的責任はありません。「復職可能」という診断書をもとに、復職させた会社側に法的責任が生じることは理解しましょう。

あくまでも主治医は、患者本人と治療契約を締結し、患者本人が治療費を支払っている立場上、職場の安全配慮義務よりも、患者との信頼関係を重視していることを忘れないようにしてください。医学的にも、病状を客観的に測定する検査がないということも、そういう状況を作り出していることは否めません。

## 診断書をどう判断するか

このように、たとえ「復職可能」という診断書が作成された場合であっても、それを100%保証することは、主治医にもできません。医学的に考えてみても、保証まではできないのが実情です。

現実的には、診断書の内容をどう判断するかについては、会社が決めることになるのです。ですので、**あくまでも会社が復職に関して最終的な判断をする**ということは忘れないようにしましょう。

あたかも主治医が復職を最終決定するという誤解の根底にあるのは、傷病手当金の申請に必要な証明書を、主治医が書く仕組みになっているからではないか、と筆者は思っています。傷病手当金請求証明書は患者本人から健康保険組合に出すものですが、その証明欄を主治医が書くことになっているために、「休職期間を決めるのは主治医である」と誤解を招いているのです。

たしかに、傷病手当金の証明書を主治医が書くとなると、復職までの期間は主治医が決めていると誤解してしまうのも無理はありません。しかし、実際は、最終的な判断をするのは会社です。

実際には、「手引き」に従い、上司や人事担当者、産業医などで構成される「復職判定委員会」で話し合い、復職するかどうか決定するということになります。

## 06

# 復職時の注意点

### まずは最近の生活状況について聞くこと

復職時に注意点としては、まず、本人に対して「**最近の生活状況を聞く**」ことが挙げられます。ここで気をつけておきたいのは、病状について聞くのではなく、直近1〜2カ月間の生活状況について聞くということです。

たとえば、「**何時に起きているのか**」「**何時に寝ているのか**」「**日中はどのように過ごしているのか**」「**食事は三食とれているのか**」など、生活に近いところを聞くのがポイントです。そうすることで、現状を把握するよう努めます。

ただし、会話の中で人事や会社の状況について言うことは避けましょう。「こんな人事異動があった」「社内の環境はこうなっている」などを説明してしまうと、本人が復職のことを考えてしまう可能性があるためです。

もちろん、本人がどうしても知りたいということについては、説明してもいいでしょう。ただ、知らせる内容や言い方については配慮してあげることが大切です。病状によっても、「今は身体を治すことに専念してもらいたいので、産業医から許可が得られるまでは、言えません」と伝えても構いません。

最悪なのは、病気の情報をインターネットで調べて、それについて話をすることです。中にはプリントアウトして持参する人もいるようですが、絶対にやめるべきです。**医者でない人が、医学的なことに言及するのは避けるようにしてください。**

あとは、復職に際して必要となる、通勤時間などは確認しておいた方がいいでしょう。起床時間と通勤時間を考えれば、出勤できるかどうかがわかります。そのように、具体的に、生活の有り様を確認しておけば、その後の対応も見えてきます。**病状ではなく、患者本人の生活実態を把握するようにしてください。**

## 本人の意向と現状との兼ね合い

本人からは、「やれます」「できます」と強く主張されることもあるかもしれません。しかし、その言葉を真に受けないようにするべきです。

会社としては、規定の勤務時間通りに、かつ与えられた職場で業務をして働いてもらうことが重要です。復職することも大切ですが、暦通りに働いてもらうことの方が大事なのです。もちろん、職場から求められている水準の仕事もしてもらわなければなりません。

ですので、本人の強い意向があったとしても、**「きちんと確認するまで待ってほしい」**と伝えるようにしてください。少なくとも、本人の話に振り回されるようなことがないように注意しておきましょう。

実際のところとしては、本人との話し合いだけでなく、主治医や産業医、会社との折り合いを上手につけるには、**人事担当者などの力量が問われる**ことになります。

たとえ本人からヒアリングできなくても、家族とコミュニケーションをとったり、主治医に相談したりするなど、体調を知るための方法はたくさんあります。また、会社の事情についても、伝え方ひとつで印象は変わります。センスが問われるところです。

休職期間についても、3カ月なら3カ月、半年なら半年と、きちんと伝えておき、理解してもらう努力が欠かせません。その上で、できるだけ配慮する。忙しい上司や人事担当者には負担になるかもしれませんが、円満に物事を進めるためには必要なことです。

## 復職時の手続き

主治医や産業医との面談、家族からのヒアリングなどから、上司や人事担当者などの関係者で構成する復職判定委員会で、復職可能という判断をしたら、患者本人には、その旨を伝えることになります。

しかし、いきなり、正式に復職させることはお勧めしません。精神疾患の性質上、病気が不安定なので、安定して出勤できるかどうか、会社は確認する必要があります。

そのために、「手引き」では「**試し出勤**」を導入することを勧めています。「試し出勤」とは、**正式な出勤扱いにはせずに、会社に決められた時間帯に出勤してもらい、問題なく病気を悪化せずに勤務できるかどうかを確認する制度**です。

「試し出勤」を行う際には、産業医や社会保険労務士、弁護士と相談して、「試し出勤」の内容（交通費の支払いや給与の問題、勤務時間、試し出勤の中止条件など）を事前に決めてください。そして、その内容を書面にして、患者本人だけではなく、患者家族に説明して、署名押印をもらうことをお勧めします。

試し出勤を開始する際には、上司から部下には、「○○さんが体調を崩して休んでいましたが、○日から試し出勤することになりました。○日までは○時から○時までの勤務、それ以降は○時から○時までの勤務となります。みなさん、協力をお願いいたします。出勤中の業務は、○○さんのお手伝いをしてもらいます。休みがちになったり、体調が悪いようなことがあれば、私、もしくはリーダーの○さんへ連絡をお願いします」と言いましょう。くれぐれも、**病名を部下たちに公表するようなことはしないでください**。

実務上問題になるのは、試し出勤を開始したものの、風邪で休みがちになり、決められた日に出勤できなくなり、患者本人から病気は精神疾患でないので問題ないと言われたり、与えられた業務でミスを連発したり、または、職場の人間関係をうまく作れなかったりする場合に、試し出勤を中止することができずに、なし崩し的に復職することです。そのようなことがないよう、現場の上司は毎日、「試し出勤」中に出勤状況や勤務中の言動については「観察記録」を作成して、上司から人事担当者へ報告しておく必要があります。

そして、「試し出勤」で問題ないと復職判定委員会で確認し、正式に「復職」となります。その際には、上司または人事担当者から患者本人へは、「**自分の体調を整えながら、暦通りに出勤することを優先してください**」と話すようにお願いします。

仕事でミスをしたら、病気だから仕方がないと黙認せず、具体的に注意をしましょう。注意の仕方については、第2章に詳しく書いていますので、興味があれば見直してください。

## 復職後の最適な対応とは

そして、忘れてはならないのが、「復職後」の対応です。

せっかく回復しても、復職後に放置してしまっては、復職後のケアにつながりません。よくあるのは、仕事ができないことを「あの人は回復したばかりだから」と、変に配慮してしまうケースです。それは、よく観察していないのと同じです。

そうではなく、「**仕事はできているのか**」「**休みの取得状況はどうか**」など、チェックしてあげることが大切です。仕事でミスが続いているのにもかかわらず放置してしまうと、我慢できなくなり、怒りが爆発して、「いい加減にしろ！」みたいなことを言い放って、パワーハラスメントに発展する可能性も否めません。

仕事でミスが続いているのであれば、「○○が間違っているので、○○までに、××と修正してください。業務でわからないところがあれば、リーダーの△さんへ確認してください」と、具体的に指摘してあげてください。「一人前に仕事をして」「しっかり仕事をして」という言い方は控えましょう。

日本語はニュアンスがあいまいなので、**伝え方に注意する**必要があります。主語がない言葉や、あいまいな言葉で伝えると、思わぬ誤解が生じる可能性もあるのです。

その他の注意点としては、上司が明確になっていない場合、仕事の責任の所在が不明瞭となってしまうことがあります。そうなると、誰に指示を仰げばいいのかわからなくなり、混乱の元となります。

あとは、**定期的にチェックをし、その後について確認してあげる**ことです。少なくとも、ほったらかしにならないように注意してください。

最初のうちは、資料整理などの簡単な仕事を任せることもあるかもしれません。ただ、休職前の業務内容によっては、資料整理をまったくやったことがない人にとっては、負担が大きい場合もありますので、**復職後の業務内容については、人事担当者と上司が事前に本人と話し合っておく必要があります**。

そのような場合でも、いわゆる「**報告・連絡・相談**」を徹底させ、経過をチェックすることです。日報や週報を書いてもらい、その上で、問題がないのを確認してから、元の仕事に戻ってもらうという方法もあるでしょう。

職場全体の不和につながらないよう、丁寧に対応するようにしてください。

とくに、一人前の仕事ができない場合の対応について、ポイントを列挙しておきます。参考にしてください。

- 仕事のミスや勤怠不良、周囲が困ることがあれば、冷静に注意（指摘）して、記録にとること（記録を主治医へ伝えることは、治療上、大事なポイント）
- 注意（指摘）した上で、「体調が悪そうなので、人事（産業医）へ相談しよう」と、再度、相談を勧める
- 本人が相談に行かないと言い張る場合は、直接、人事（産業医）へ相談する（その

際、本人の同意は不要）
・場合によっては、保護者や身元保証人を呼び出す

# 07 リワークプログラム利用の注意点

## リワークプログラムとは

メンタルヘルス不調からの職場復帰に際し、復職後の病状悪化を防ぐ対策として、「**リワークプログラム（職場復帰支援プログラム）**」の活用を検討する場合もあります。

そもそもリワークプログラムとは、メンタルヘルス不調の治療の一環で、通常の業務が行えるかどうかを確認するプログラムのことです。主に「**病状を回復・安定させること**」「**復職準備性（復職させても再休職せずに働けるか）**」「**再発防止のためのセルフケア能力の向上**」を目的としています（図表8）。

リワークプログラムを実施している病院によってその呼び名は異なり、「精神科デイケ

**図表8　リワークプログラムの目的**

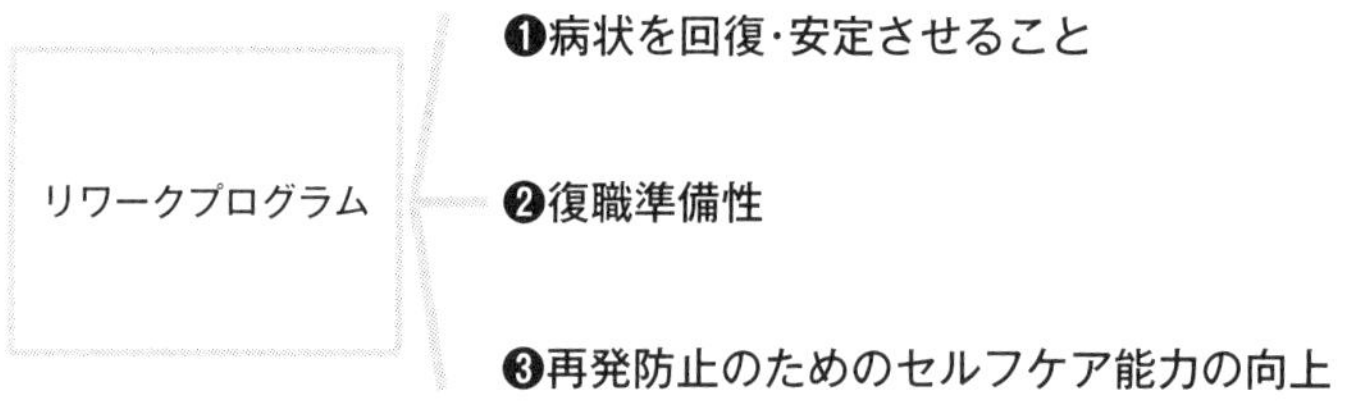


ア」「復職デイケア」「リワークデイケア」などと呼ばれることもあります。

特徴としては、通勤を模倣して定期的に通所できる環境を整えていることです。そうすることで、実際の勤務を体感し、回復状況を確認します。また、空間的・時間的な拘束や、ノルマのある作業プログラム、集団を中心とした心理社会プログラムなどもあります。

通常の会社勤務と同じように、月曜日から金曜日まで行い、1日6時間ほどで構成されているところが多いです。

利用期間については、主治医と相談しつつ、回復状況を考慮に入れてのこととなりますが、おおむね3～6カ月ほどどなります。

費用は有料となりますが、健康保険を利用

できます。自立支援医療制度（精神通院）を利用できる場合には、月々の自己負担上限額を低く抑えることも可能です。この場合、前年の所得に応じて限度額が決まります。

リワークプログラムを実施している医療機関については、「うつ病リワーク研究会」のホームページから検索することができます。もちろん、うつ病リワーク研究会の会員以外でも、リワークプログラムを行っている医療機関はあります。

うつ病リワーク研究会
http://www.utsu-rework.org/

また、医療機関だけでなく、各都道府県にある地域障害者職業センターでも実施しているところがあります。こちらの場合、「**リワーク支援**」という名称で呼ばれています。本人及び企業、主治医の同意のもとに実施されます。

こちらの場合、どの事務所であったとしても費用はかかりません。ただし、あくまでも事業所に勤めている方が対象となりますので、公務員の人はこのプログラムを利用することができません。注意しましょう。

詳しくは、お住まいの地域障害者職業センターにお問い合わせください。

独立行政法人高齢・障害・求職者雇用支援機構　地域障害者職業センター
http://www.jeed.or.jp/location/chiiki/

ほかにも、地域の就労移行支援事業所でも、リワークプログラムに準じた内容を行っていることがあります。施設により、内容にばらつきがありますので、事前にプログラムの内容を問い合わせることをお勧めします。

## リワークプログラムのメリット・デメリット

リワークプログラムのメリットとしては、**実際に試し勤務をしてみる前に、職場復帰できるかどうかを安全な環境で確認できる**ところにあります。また、再発防止のためのプログラムも組まれているので、復職後に再休職してしまうリスクを下げることが可能です。

ただ、リワークプログラムの歴史はまだ浅く、実施している医療機関は限られています。

また、プログラムそのものの内容や効果性についても、これから評価される部分が多く、医学的にはまだ定まっていないのが実情です。

加えて、医療機関としても、リワークプログラムになかなか人員を割けないという事情があります。というのも、リワークプログラムで使われている「標準化リワークプログラム評価シート」には、以下のように、たくさんの項目が設けられているためです。

- 出席率
- 眠気、疲労（リワークプログラムのスタッフの観察を基に判定）
- 集中の持続（リワークプログラムのスタッフの観察を基に判定）
- 他のメンバーやスタッフとの会話（特定の人との会話や、言動のばらつきを確認）
- 協調性（ルールの遵守、集団活動への参加、自分勝手な行動はないか）
- 適切な自己主張（相手を尊重した自己表現ができるか、必要に応じて断れるか）
- 不快な行為（攻撃的な自己主張や強い非難など）
- 役割行動（自分の役割を認識した行動）
- 対処行動（プログラム全体の対応）

・気持ちの安定（不安や焦燥、怒りなどの安定さ）
・積極性、意欲（新しい課題に取り組もうとするか）
・他のメンバーやスタッフからの注意や指摘への反応（注意や指摘を理解した行動）

このように、チェック項目は多岐にわたります。医療機関によっては参加者の評価ができていないところもありますので、事前に見学するなど、確認しておくといいでしょう。

上司や人事担当者としては、リワークプログラムの担当者が会社の事情まで考慮してくれるわけではないと認識しておくべきです。たとえば、業務内容や職場の環境についてまで考慮に入れて判断してくれるわけではありませんので、注意しておきましょう。

## 各医療機関に問い合わせてみよう

とくにビジネスパーソンのリワークプログラムに関しては、その内容をどう決めるかが難しいとされています。まだスタートして間もないリワークプログラムも、医学的な評価が待たれるところではあります。

メンタルヘルス不調の患者は、それぞれに症状の重さが異なりますし、個々に最適なプログラムが組めるかどうかがこれからの課題でしょう。病院の人員をどれだけ割けるかということも、問われてくる部分になります。スペースの問題もあります。

そのため、**利用を検討している医療機関には、実際に足を運んでみるのがベスト**です。実施している環境、プログラムの内容をきちんとチェックしておけば、後からトラブルになることも少なくなります。すでに受講している人にも話を聞いてみましょう。

また、医療機関で実施されているリワークプログラムと、地域障害者職業センターで行われているリワーク支援とは、内容が異なる場合があります。こちらの場合も、事前に確認しておくことをお勧めします。

その他にも、活用できる公的制度はたくさんあります。以下、その一例を記載しておきますので、参考にしてください。

- **障害者の認定、障害者手帳、障害年金、生活保護**
- **法テラス（病気で借金が払えない場合）……借金の問題など法的解決方法を知りたい人にはお勧めです。**

- 地域包括支援センター（介護で困っている場合。40歳以上で、自分で生活できない方が対象）……介護保険の使い方がわからない人にはお勧めです
- 失業給付受給申請延長願の提出（離職後28日以内。雇用保険に加入している人。病気で会社を辞めた場合には、失業給付が受けられないため）
- NPO生活の発見会（森田療法のグループ）……不安感が強い人にはお勧めです
- 公益社団法人「認知症の人と家族の会」……認知症の介護で困っている人にはお勧めです
- 地域の社会福祉協議会の生活福祉資金
- 生活困窮者自立支援制度

第５章

# メンタルヘルス・マネジメントで会社を元気にする

01

# メンタルヘルス不調が企業にもたらすもの

## ベースにあるのは信頼関係

社員がメンタルヘルス不調になってしまうと、働いてくれるスタッフが減るだけでなく、上司や人事担当者の仕事も増えることになります。通常の業務に加えて、メンタルヘルス不調の社員をケアしなければならなくなるためです。

また、患者本人としては、きちんと仕事をしようと思っていても、なかなかそれができません。いくら努力しようとしても、結果的に、周囲に迷惑をかけてしまうことが少なくないのです。

無理して休まず仕事を続けようとして、メンタルヘルス不調がより悪化してしまうこともあります。長期間の休職が必要になってしまえば、他の人の仕事が増えることになります。場合によっては、人的補充をしなければならないでしょう。

このように、企業が所属している社員の働きによって成り立っていることを考えれば、**メンタルヘルス不調が企業にもたらす影響は、とても大きい**のです。

だからこそ、社員個々人の判断に任せるのではなく、**会社全体としてメンタルヘルス対策に取り組む必要があります**。もちろん、**上司や人事担当者だけでなく、産業医や保健スタッフなどの専門家と連携し、適切な対応を心がける必要があります**。

これまでに述べてきたように、メンタルヘルス不調は、身体だけでなく、心の問題となります。そのため、**何かあってから対処しようと考えていると、思わぬトラブルに発展してしまうケースも少なくありません**。

たとえば、メンタルヘルス不調によって常にイライラしている人がいれば、職場の雰囲気は悪くなってしまうでしょう。その結果、職場全体の仕事のパフォーマンスが低下してしまう可能性もあります。

また、最近のケースでは、メンタルヘルス不調だと思われる社員が自殺してしまうなど、社会問題にもなっています。ニュースでも大きく取り上げられているほどです。

つまり、メンタルヘルス不調の社員を放置していたために、会社の信用が失墜してしまう恐れもあるのです。

会社としては、**できる限り未然に防ぐことを心がけ、会社全体としての対応を検討しておくことが大切**でしょう。

ただし、メンタルヘルス不調の対応は、あくまでも**社員同士の信頼関係がベース**となります。制度上の問題ではなく、それぞれの社員がいかに信頼関係を構築できているかが大事なのです。とくに、**上司と部下、人事担当者と各社員の関係性は重要**です。

そうは言っても、単に優しくすることが良いのではありません。とくに社員が、休職や復職を繰り返している場合や、どうしても周囲に迷惑をかけている場合には、会社として就業規則に則り毅然とした対応をとらなければなりません。

**最も良くないのは、メンタルヘルス不調の社員を放置してしまうことです**。「休みたかったら休んでいいよ」「復職したかったら復職していいよ」というのは、一見すると親切のように思えるかもしれませんが、放置しているだけです。

そのように社員を放置していると、職場全体の仕事に対するモチベーションは上がりませんし、社内が殺伐とした雰囲気に包まれてしまいます。

**相手に配慮し、時間をかけて蓄積される信頼関係**というのは、給料や待遇とは異なる会社の魅力です。そのような信頼関係こそ、メンタルヘルス不調への対応に欠かせないものなのです。

## リアルなコミュニケーションを

信頼関係を構築するために必要なのは、**対面によるリアルなコミュニケーション**です。リアルな場において、表情や身振り手振りを含めてコミュニケーションを行うことにより、信頼関係は少しずつ醸成されていきます。

ただし、こと現代においては、意識的に行動しなければ、リアルなコミュニケーションをとることは難しくなっています。その背景には、電子メールやSNS、チャットなど、リアルなコミュニケーションを阻害する要因があります。

メールやSNS、チャットなどのツールはたしかに便利ですが、それらに頼っていると、コミュニケーションはどんどん簡素なものになってしまいます。それでは、本当の意味で信頼関係を構築することができません。

信頼関係があり、お互いがお互いを配慮するようになれば、社員の小さな変化に気づけるようになりますし、困ったときや辛いときに、それを話しやすくなります。また、メンタルヘルス不調に対しても、すぐに対応できるようになります。

**コミュニケーションが希薄化していても業務に支障がないと考えるのは間違いです**。なぜなら、コミュニケーションこそ、仕事のパフォーマンスを高め、モチベーションを上げ、メンタルヘルス不調を未然に防ぐものに他ならないからです。

効率ばかり追求して、非効率なことをどんどん排除していると、人間的な関係性は失われていくことになります。その結果、精神的な不調に陥ってしまう社員が増えていくのです。このように考えると、メンタルヘルス不調とはまさに、現代病と言えるでしょう。

とくに今後は、少子化による人口減少によって、人材の確保が難しくなるとされています。そうなれば、メンタルヘルス不調によって離脱してしまった人員を補うのも難しくなると予想されます。

総務省の「人口動態調査」によると、2017年1月1日時点において、日本の総人口は1億2558万3658人です。この数字は、8年連続で減少しています。しかも減少幅は、1968年の調査開始以降、最大です。出生数に関しては、初めて100万人を割りました。

国立社会保障・人口問題研究所によると、2048年には、日本の人口が1億人を割る（9913万人）と推計されています。1994年以降、政府主導により数々の少子化対策が実施されてはいますが、目に見える成果を上げられていないのが実情です。

このように、人口の絶対数が減少している現代においては、企業の人材不足も必然と言えるでしょう。**そのような状況だからこそ、きちんとリアルなコミュニケーションを行い、社員間の信頼関係を構築しておくことが大事なのです。**

## 会社の課題がメンタルヘルス不調として浮き彫りになる

今後は、**働き方がより多様化することによって、さらにメンタルヘルス不調の問題が顕在化する可能性があります**。すでに、その種は各所にあるのです。

たとえば、グローバル化に伴い、上司が外国人であったり、指示を仰ぐ管理職が複数いたりするという場合。組織構造としても複雑になりますし、上司が外国人の場合、日本の労働慣習について理解しておらず、日本の文化的背景とは異なりますので、どうしてもコミュニケーションの齟齬が生じやすくなります。そうなると、必然的にコミュニケーションが乱れる恐れがあります。

また、組織図上の上司は本社にいるのに、部下は客先に常駐するなど、リアルなコミュニケーションができない環境もあります。その結果、モバイルでのやり取りが中心となり、体調のわずかな変化に気づけないということも起こり得るのです。

それを〝時代の変化〟と言ってしまえばそれまでかもしれません。しかし、便利なツールによって人々の働き方が変わり、スタイルが変わり、その結果、旧来型の働き方が消えて、これまでには解決できた問題にも対処できなくなってくる可能性があるのです。

インターネットの台頭は、まさにそういった側面を象徴しているものと言えるでしょう。インターネットでのコミュニケーションは、リアルのコミュニケーションとは真逆のところにあります。

**そのような時代だからこそ、上司や人事担当者だけでなく、経営者、あるいは会社全体として、メンタルヘルス・マネジメントを実施していく必要があるのではないでしょうか。**

# 02 メンタルヘルスが企業の業績を左右する

## 会社全体の問題として対応する

メンタルヘルス・マネジメントができているかどうかは、業績を左右させる要因にもなり得ます。

これまで見てきた通り、メンタルヘルス不調が会社に与える影響は多大です。そもそも社員は会社の運営に欠かせない存在であり、社員がいなければ会社は成り立ちません。そのような社員の健康に大きな影響を与え、休職や、最悪の場合退職に陥るメンタルヘルス不調は、まさに、企業はもちろんのこと、社会の大問題と言えるでしょう。

ただ現実に、メンタルヘルス不調への対処は難しく、また上司や人事担当者の手が回らないということもあり、十分な対応ができていません。

本来であれば、社内の体制はもちろんのこと、産業医をはじめとする専門家とも協力し、あらかじめ対応を検討しておくべきです。それが、将来への備えになります。

とくに重要なのは、メンタルヘルス・マネジメントを考える上で、**社内の状況をいかに勘案できるか**ということです。

たしかに主治医は、患者本人の治療において最適なパートナーとなり得ますが、会社の事情まで考慮してくれません。基本的には、精神科医療の性質上、客観的な検査がないため、患者本人のことだけを考えて治療せざるを得ないためです。

そこに落とし穴があります。

**どのビジネスパーソンも、会社との関係性を無視して、メンタルヘルス不調に対応することはできません**。経済的な問題もさることながら、会社との関係性とともに将来について考える必要があるためです。

このように、会社としては、社員がメンタルヘルス不調になることによって、業績への影響が懸念されます。そして社員としては、仕事ができなくなり、将来への不安につながります。

いずれにしても、メンタルヘルス不調への早急な対応は欠かせないものとなります。その点、**会社の事情に精通しており、医学的な知見も兼ね備えている産業医の役割が重要になっているのです。**

## 経営判断が問われる

もちろん、個別の事情に関しては、マニュアル的に判断することができるとは限りません。経営判断が絡むこともあり、最終的な決断は、個々の事情に応じて会社が行う必要もあるのです。

ただし、メンタルヘルス不調への対策を、事前に考えておくことはできます。問題が起きてから、主治医の判断に従って社員を休ませたり、復職させたりするなど、場当たり的に対応するのではなく、**あらかじめメンタルヘルス・マネジメントの考え方を身につけておくことは大切です。**

経営者の中には、メンタル的にタフな人も多く、メンタルヘルス・マネジメントの必要性を疑問視している人もいるかもしれません。もちろん、メンタルヘルス不調に関する問題がまったくないのであれば、通常業務のことだけを考えておけばいいでしょう。

しかし、現代のような環境においては、メンタルヘルス対策は欠かせません。事実、メディアを賑わすような事件も起きています。法令遵守は当然ですが、その先にあるリスクにいかに対応できるかということも、経営判断として重要となるのです。

もし、メンタルヘルス不調による事故や事件が起きてしまったら……。そのように考えてみると、メンタルヘルス・マネジメントをしないことが、いかに危険なことなのか想像できます。

**社員の健康を管理するという視点でも、あるいは経営的な視点においても、メンタルヘルス・マネジメントを進めていくべきなのです。**

## 個々人の〝タフさ〟に頼らない組織作りへ

経営判断として悩ましいものに、**費用の問題**が挙げられます。

中には、お金がかかってしまうために、顕在化していないメンタルヘルス不調の問題に対応するのは難しいと考えている経営層もいるかもしれません。

ただ、すでに述べている通り、**メンタルヘルス・マネジメントはインフラのようなもの**です。水道やガス、電気などの料金を支払わない会社が皆無のように、メンタルヘルス・マネジメントへの投資もまた、インフラとして捉えるべきでしょう。

小さな問題が起きて、ようやく対処しようと考えたものの間に合わず、やがて大きな問題へと発展していく。そのような事例が増えています。とくに、企業ブランドの失墜などは、取り返しのつかない事態にもなり得ます。

だからこそ、メンタルヘルス・マネジメントはインフラとして捉えるべきなのです。個々人の精神的なタフさに頼るというのでは、会社として、あまりにも無責任ではないでしょうか。むしろ、**「社員の健康は会社が守る」**という方が、現代的な発想として正しいはずです。そしてその傾向は、これからますます強まっていくと考えられます。

近年注目されている**「健康経営」**という言葉には、その根底に、従業員の健康が会社の経営に影響をもたらすという発想があります。

たとえば、社員の医療費が減れば、企業が加入している健康保険組合の経営が安定しますし、社内のパフォーマンスや士気の向上、さらには企業のイメージアップにも貢献することが期待されます。

経済産業省が作成している『企業の「健康経営」ガイドブック』には、次のように記されています。

「企業にとって、従業員の健康維保持・増進を行うことは、医療費の適正化や生産性の向上、さらには企業イメージの向上等につながることであり、そうした取り組みに必要な経費は単なる「コスト」ではなく、将来に向けた「投資」であるととらえられる。このため、「従業員の健康保持・増進の取組が、将来的に収益性等を高める投資であるとの考えの下、健康管理を経営的視点から考え、戦略的に実践すること。」である、「健康経営」の実施が重要となっている」

健康経営の進め方としては、**企業理念**（長期的なビジョンに基づいた経営）が根底にあります。その上で、「**人的資本に対する投資**（**従業員への健康投資**）」「**従業員の健康増進・従業員の活力向上**」「**組織の活性化・生産性の向上**」というプロセスを経て、「**業績向上・企業価値向上**」へと至るという発想です。

経済産業省としては、企業への効果だけでなく、社会への効果も期待しています。たと

## 図表9　健康経営の5ステップ

| | |
|---|---|
| ❶ | 経営理念や事業計画等に明記 |
| ❷ | 組織体制の整備<br>社内で健康づくりを推進する担当部門を決める。必要であれば外部人材の協力も得る。 |
| ❸ | 健康課題等の把握<br>●定期健康診断の受診率<br>●可能なら健診結果等による健康度の見える化<br>●従業員の心身の健康状態を把握(ストレスチェックの実施)<br>●残業時間、年休の取得状況、食事の時間帯等の職場環境の確認　等 |
| ❹ | 計画策定・健康づくりの推進<br>●❸で自社の健康課題を把握し、社内で優先的に取り組む課題を決定<br>●優先順位に従って課題解決の方法を検討、計画立案<br>●健診受診率、喫煙率、年休取得率、朝食欠食ゼロ等の数値目標を検討<br><br>●その他施策例<br><br>〈労働環境・職場環境の整備等〉<br>・長時間労働の是正、年休の取得促進、ノー残業デーの導入<br>・自販機、分煙等の職場環境の見直し<br><br>〈健康づくりの推進〉<br>・運動:職場体操やストレッチの実施、ウォーキングイベントの実施、同業種主催のスポーツイベントの実施、階段使用の推奨、歩数の計測<br>・栄養:社食での栄養バランスのとれた食事機会の提供、月1回の野菜現物支給<br>・予防:ストレスやメンタルヘルスに対する正しい理解の促進、睡眠とアルコールに関する正しい知識の習得、保健師等による生活習慣病の改善指導、予防接種の会社負担、感染症対策、体重計や血圧計の用意 |
| ❺ | 取り組みの評価・見直し<br>●従業員の健康づくりイベント等への参加や実施状況の把握<br>●生活習慣・健康状況の改善、参加者の満足度、仕事のモチベーションアップ等、健康づくりによる反応・効果を確認し、次の改善策を検討 |

出所:経済産業省と東京商工会議所による「健康経営ハンドブック」

えば、従業員の健康増進、あるいは従業員の活力向上が実現できれば、国民全体のＱＯＬ（quality of life　生活の質）の向上やヘルスケア産業の創出、さらにはあるべき国民医療費の実現につながるとしています。

経済産業省『企業の「健康経営」ガイドブック』
http://www.meti.go.jp/policy/mono_info_service/healthcare/kenkokeiei-guidebook2804.pdf

また、「**健康経営銘柄の選定**」や「**健康経営優良法人認定制度**」なども用意されています。初回となる「健康経営優良法人２０１７」では、「大規模法人部門」に２３５法人、「中小規模法人部門」に95法人が認定されています。とくに中小企業法人部門においては、２０１７年（平成29年）８月に２２３法人の追加認定を行っているため、「健康経営優良法人２０１７（中小規模法人部門）」の認定は合わせて３１８法人となっています。

いかに、メンタルヘルス・マネジメントを実践できるかどうか。経営的な観点からも、そして社会的な観点からも、今後はさらに問われていくことになるのではないでしょうか。

03

# 「ストレスチェック制度」の意義とは

## ストレスチェック制度の背景とは

メンタルヘルス・マネジメントとの関連性が深く、すでに実施している企業も多い「**ストレスチェック制度**」について、ここで改めて触れておきます。

「メンタルヘルス・マネジメント」と聞くと、ストレスチェック制度のことを思い浮かべる人は多いことでしょう。「ストレスチェック制度を実施しているので、メンタルヘルス・マネジメント対策は万全だ」と考えている担当者もいるかもしれません。

しかし、ストレスチェック制度は、あくまでもメンタルヘルス・マネジメントの一部分でしかありません。

そもそもストレスチェック制度とは、労災認定された精神障害の増加にともない、２０１４年６月25日に改正された「労働安全衛生法」が元となっています。改正労働安全衛生法が公布されたことにより、２０１５年12月１日からストレスチェックが義務化されたのです。

もっとも、ストレスチェックの実施が義務化されたのは、50名以上の従業員を常時抱えている事業場のみです（それ以外の事業所は努力義務となります）。従業員には、雇用期間の定めのない者、週の労働時間が通常の労働者の４分の３以上の者を含みます。

このような事業場は、１年に１回、従業員の心の健康状態をチェックしなければなりません。

具体的には、職業性ストレス簡易調査票を用いたストレスチェックを実施し、高ストレスと判断された者は、本人の申し出により医師による面接指導を行います。その結果、会社は、面接指導を実施した医師から求められた労働時間の短縮や作業の転換など、実情に合わせて、必要な措置を講じなければならないとされています（図表10）。

また、事業者は、本人の同意を得て取得したストレスチェックの結果を、５年間保存しなければなりません。本人の同意を得られなかった場合は、ストレスチェック実施者が保

## 図表10 ストレスチェック制度

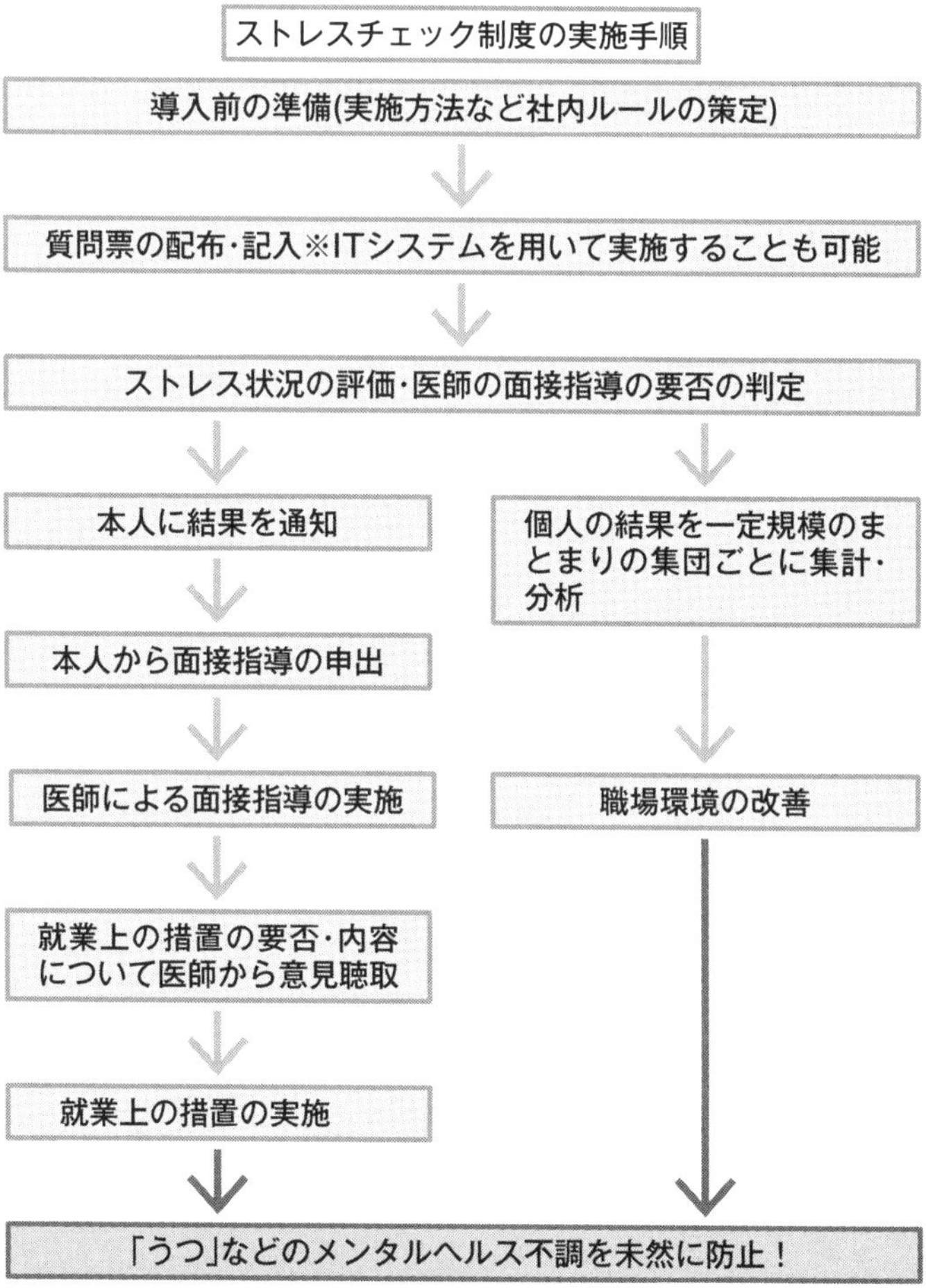


ストレスチェックと面接指導の実施状況は、毎年、労働基準監督署に所定の様式で報告する必要があります。

存します。

社員の健康管理としては、「一般定期健康診断」もありますが、ストレスチェックとは性質が異なっています。一般的な健康診断が社員の〝身体的な健康〟に着目している一方、ストレスチェックは〝**心の健康**〟に着目しているのです。

厚生労働省『ストレスチェック制度　導入マニュアル』
http://www.mhlw.go.jp/bunya/roudoukijun/anzeneisei12/pdf/150709-1.pdf

## ストレスチェックの意義と課題

その内容からも明らかなように、ストレスチェック制度の目的は、社員のメンタルヘルス不調を未然に防ぐことにあります。その意味において、ストレスチェック制度は、メンタルヘルス・マネジメントの一次予防と同じ役割を担います。

ただし、ストレスチェックを実施していれば、それだけでメンタルヘルス不調の予防に効果があるわけではありません。

たしかに、ストレスチェックを実施することによって、会社や社員が心の健康に向き合うきっかけにはなります。その意味で、ストレスチェック制度には意義があると考えられます。

しかし、**得られた結果をいかに活用するかという部分は、まだ不十分と言える**でしょう。本人の同意が得られなければ事業者にストレスチェック結果を連絡することもできませんし、それができなければ、個別的な対応にはつながりません。

また、50名以下の事業場は努力義務となっており、ストレスチェック制度によって、中小企業のメンタルヘルス・マネジメントが進むかどうかは未知数です。努力義務であるという理由で、なかなか対応できていない企業も多いことでしょう。

それは、産業医の選任が義務づけられている事業場（労働者数50人以上の規模の事業場）も同様です。選任した産業医と連携せずにメンタルヘルス・マネジメントを行おうとしていては、正しい対応ができない可能性があります。**医学的な知見だけでなく、会社全体の状況を考慮に入れて対応できる産業医の存在は、メンタルヘルス・マネジメントに欠かせません。**

加えて、ストレスチェック制度の実施が義務となっている事業場についても、ストレスチェックの結果をどう対応すればいいのか苦慮していたり、正しく対処できていなかったりするケースが少なくありません。

このことは、血圧計の設置と同じです。いくら血圧計を社内に設置していても、あるいは実際に血圧を測ったとしても、その結果を元にすべての人が適切に対処できないのと同じです。

筆者としては、**高ストレスかどうかにかかわらず、2〜3年に1回程度、管理職や一般社員全員へメンタルヘルスに関する研修を定期的に行うことをお勧めします。**

研修内容としては、精神的なことを重要視するよりも、普段の生活や仕事で気をつけることを中心に話をすることが大事と思っています。また、毎年1回は社員全員が受けている定期健康診断結果で精密検査や治療が必要な社員、できれば治療まで必要なひどい結果ではなくても生活習慣改善が必要な社員に対して、保健師や産業医が保健指導を行うこともお勧めします。生活習慣の乱れなどによる疲労感の蓄積がこうじて、不安感・イライラ感が高まり、ひいてはうつ症状へ発展するので、そうならないように身体の健康管理を大切にしてもらいたいと考えています。

今後は、**よりメンタルヘルス・マネジメントの意識を高め、ストレスチェック制度をその一環として活用できる体制を整えていく必要があるでしょう。**

## さらなる研修や教育の充実を

「中央労働災害防止協会」が２０１６年10月に行ったアンケートによると、各社のストレスチェック対応に関して、以下のような現状であることがわかりました。

１　実施月は「７月」が最多。次いで「６月」「８月」の順
２　７割以上がストレスチェックや面接指導を外部に委託
３　高ストレス者の割合は「５～９％」が最多
４　苦労した点は「制度や運用の理解」「グループ会社との調整」「規程等の作成」「外部委託業者の選定」など実施前の段階での苦労を挙げる企業が多かった
５　やってよかった点としては「従業員のメンタルヘルスへの関心・意識の向上」「職場の健康障害リスクに気づくきっかけとなった」ことなどが挙げられた

6　課題としては「実施後の対応」「実施結果の活用の仕方」「（実施者などの）マンパワーの不足」などが挙げられた

そのうち、「ストレスチェック制度を実施して良かった点」「実施してみて感じた問題・課題」に着目すると、以下の通りです。

Q「ストレスチェックを実施してみて、よかった点は？」

・ストレス度が予想以上に高かった人もいて、日ごろ接しているときとは違う発見ができた
・従業員のメンタルヘルスに対する関心が高まったと感じる
・既存の相談窓口の活用方法を再確認できた
・健康関係の取り組みを充実させる機会となる
・管理職の部下への配慮（ラインケア）、個々の従業員のストレスへの気づき（セルフケア）などが高まった

Q「実施してみて感じた問題・課題は何ですか？」

・ストレスチェックの結果を受けて、各職場で具体的にどのように職場改善を行えばよいかが課題。活用の仕方がわからない
・高ストレス者に対する今後の対応
・ストレスチェック制度への産業医等（特に精神分野が専門でない場合）の理解をさらに高める必要性を感じる
・産業医を含め、制度に対応していくにはマンパワーが不足している
・実施にあたり、実施事務担当者（総務部門社員）がやるべきことが多く負担が重い

中央労働災害防止協会『ストレスチェック実施企業にアンケート』
http://www.jisha.or.jp/media/pdf/20170125.pdf

では、どうすればストレスチェック制度の効果を高められるのでしょうか。

ストレスチェック制度の効果をより現実的なものにするには、**事業所ごとに、教育や研**

**修をする**という方法が考えられます。ストレスチェックの意義について説明しつつ、その後の対応まできちんと理解してもらえれば、より一次予防としての効果が期待できます。

しかし、ストレスチェック制度があるからと言って、メンタルヘルス・マネジメントをしなくてはいいということにはなりません。補完する関係にはあるものの、それだけで十分ということはありません。その点を誤解しないようにしてください。

また、国の法令としてストレスチェックのような制度が義務化されたという点についても、しっかりと考えておく必要があります。それだけ社会的に、メンタルヘルス不調の問題が大きくなっているということです。

一方で、ストレスチェックを受検しなかった社員に対し、受検を勧めることはできても強制的に受検させることができないなど、会社としては難しい舵取りが迫られているのも事実です。ストレスチェックのあり方をきちんと理解しつつ、各社には適切な対応が求められています。

# 04 産業医との連携〔よい産業医の探し方〕

## 産業医の選任に関する要件

メンタルヘルス・マネジメントの実施にあたり、医学的な知見と社内への理解を兼ね備えた「産業医」との連携は欠かせません。では、産業医とどのように連携していけばいいのでしょうか。

そもそも産業医には、関連する公的な資格として「**労働衛生コンサルタント**」があります。この資格を取得している産業医であれば、専門的な知見を有している証となります。

また、「日本産業衛生学会」という組織もありますので、「日本産業衛生学会認定専門医」「日本産業衛生学会指導医」の資格を持っているかどうかも事前にチェックするといいでしょう。

日本産業衛生学会
https://www.sanei.or.jp/

ただ、産業医という存在そのものが企業にとってなじみが薄いので、適任者をどう探せばいいのかは苦慮することも多いでしょう。そのため、最終的には、会社に合うかどうかを個別に判断し、決めることになります。最近は、産業医紹介会社もありますので、必要に応じて利用したり、社会保険労務士や顧問弁護士に紹介してもらったりすることをお勧めします。

すでに述べている通り、産業医の選任が義務づけられているのは、労働者数50人以上の規模の事業場となります。労働者数３００１人以上の規模の事業場には2名以上選任しなければなりません。

念のため補足しておくと、常時１０００人以上の労働者を使用する事業場と、以下に掲げる業務に常時５００人以上の労働者を従事させる事業場でも産業医が必要となります。

※　労働安全衛生規則第13条第1項第2号

イ　多量の高熱物体を取り扱う業務及び著しく暑熱な場所における業務

ロ　多量の低温物体を取り扱う業務及び著しく寒冷な場所における業務

ハ　ラジウム放射線、エックス線その他の有害放射線にさらされる業務

ニ　土石、獣毛等のじんあい又は粉末を著しく飛散する場所における業務

ホ　異常気圧下における業務

ヘ　さく岩機、鋲打機等の使用によつて、身体に著しい振動を与える業務

ト　重量物の取扱い等重激な業務

チ　ボイラー製造等強烈な騒音を発する場所における業務

リ　坑内における業務

ヌ　深夜業を含む業務

ル　水銀、砒素、黄りん、弗化水素酸、塩酸、硝酸、硫酸、青酸、か性アルカリ、石炭酸その他これらに準ずる有害物を取り扱う業務

ヲ　鉛、水銀、クロム、砒素、黄りん、弗化水素、塩素、塩酸、硝酸、亜硫酸、硫酸、一酸化炭素、二硫化炭素、青酸、ベンゼン、アニリンその他これらに準ずる

有害物のガス、蒸気又は粉じんを発散する場所における業務
ワ　病原体によつて汚染のおそれが著しい業務
カ　その他厚生労働大臣が定める業務

厚生労働省『産業医について』
http://www.mhlw.go.jp/file/06-Seisakujouhou-11200000-Roudoukijunkyoku/0000103897.pdf

## 多岐にわたる産業医の仕事

メンタルヘルス・マネジメントに欠かせない産業医ですが、主に、以下のような業務に従事することとされています。

1　健康診断、面接指導等の実施及びその結果に基づく労働者の健康を保持するため

の措置、作業環境の維持管理、作業の管理等労働者の健康管理に関すること
2 健康教育、健康相談その他労働者の健康の保持増進を図るための措置に関すること
3 労働衛生教育に関すること
4 労働者の健康障害の原因の調査及び再発防止のための措置に関すること

これらの業務に加えて、産業医は、労働者の健康を確保する必要がある場合に、事業者に対して労働者の健康管理等に必要な勧告をすることができるとされています。

加えて、少なくとも毎月1回、作業場を巡回し、作業方法や衛生状態に問題があると判断した場合には、労働者の健康障害を防止するために必要な措置を講じなければならない、ともされています。

このように、産業医の仕事は多岐にわたります。そのため、企業側が要求することを、すべて実施できるとは限りません。メンタルヘルス・マネジメントの対応に関しても、やはり、企業側が主体的に行動することが大切なのです。

近年、「**予防医学**」という観点から、産業医の役割に注目が集まっています。しかし、

その数は未だ少なく、日本医師会によると、認定産業医の延べ人数が平成26年時点で9万166人、有効数（更新数）では6万2417人とされています。

今後さらに、産業医の活躍が期待される中において、企業側の対応も問われることになるでしょう。たとえば、予防ではなく、すでに発生した現場の問題に対処してもらおうとすると、結果的に対応が後手後手に回ってしまいます。それでは、一次予防ができません。

その点、メンタルヘルス・マネジメントへの理解があれば、適切な対応がしやすくなるはずです。「健康経営」という言葉のように、社員の健康に配慮するという発想が浸透すれば、メンタルヘルス不調への対処も変わっていくはずです。

患者本人だけでなく、組織や他の社員との関係性、家族、地域、その他の幅広い観点から医療について考える産業医との連携を模索していきましょう。

## 「常勤」と「嘱託」で異なる産業医

産業医との契約に関しては、「**専属産業医契約**」と「**嘱託産業医契約**」の2種類があります。

専属産業医契約というのは、文字通りその会社とだけ専属で契約するというものです。一方、嘱託産業医契約は、他の何カ所かとも契約している会社に常勤しています。一方、嘱託産業医契約では非常勤となります。

ただし、専属で常勤の場合であったとしても、業務のすべてに対応できるわけではありません。仕事が多岐にわたることも多く、定期健康診断検査結果のチェックや長時間残業者の面談などの業務に追われてしまうことも少なくありません。

産業医がきちんと機能している会社というのは、法律の規定に関わらず、数名の産業医と契約しています。しかし、1人しかいなかったり、非常勤だったりする場合には、できることが限られていると理解した方がいいでしょう。

その点に関しては、**企業の規模と企業のニーズに応じたマッチングが重要となります。**

05

# 会社の未来は従業員の〝心と身体の健康〟にかかっている

## 「外部に丸投げ」ではダメ

メンタルヘルス・マネジメントについての考え方が浸透していない、あるいは社員のメンタルヘルス不調への関心が薄い会社の場合、今後は考えを改めるべきでしょう。それは、会社のスタンスとしても、経営判断としても、よく考えておくべき問題です。

たとえば、メンタルヘルス・マネジメントをすでに実施していたとしても、すべての対応を外部に丸投げしているようでは不十分です。なぜなら、メンタルヘルス・マネジメントには社内の環境整備が欠かせないからです。とくにリアル・コミュニケーションの重要性については、これまで何度も述べている通りです。

たしかに、専門家に依頼するというのは一つの方法です。メンタルヘルスだけでなく、医学的な知見のある専門家に依頼すれば、社内にはないリソースを活用することにつながります。

ただし、たとえ専門家といえども、外部の人間であることに変わりはありません。社内の事情をしっかりと理解できているのは、社内の人間と、常駐している産業医や保健師ぐらいなものです。

外部の人間が医学的な発想のみでメンタルヘルス不調に対応しようとすると、現実的な解決にならない可能性もあります。なぜなら、**会社にはそれぞれ事情があり、また周囲への配慮も必要だからです**。だからこそ、社外への丸投げは危険なのです。

また、形式だけの対応も避けるべきでしょう。「産業医に任せている」「保健スタッフにお願いしている」というのでは、対外的には問題ないとしても、結果的にメンタルヘルス不調を見逃してしまう可能性があります。

とくにメンタルヘルス不調は、**早期の発見が大事**です。重症になってから対応するのではなく、初期段階で迅速な措置をとることにより、問題の重症化を防ぐことができます。

**上司や人事担当者はもちろんのこと、経営層も含めてメンタルヘルス・マネジメントへ**

**の関心を持つこと**。とくに、会社の未来が従業員の心と身体の健康にかかっている以上、そういった視点が欠かせません。

外部に丸投げするのではなく、**社内で対応できる体制づくり**を進めていきましょう。

## 従業員の体調の変化を見つけられる体制を

社内の環境が整っていれば、メンタルヘルス不調の兆候も、自ずと現場で発見することができるようになります。とくに重要なのは、**上司や人事担当者による体調確認と早期の専門家への相談**です。

上司が部下の管理監督をするのは当たり前に思うかもしれませんが、現状、ことメンタルヘルス・マネジメントという観点からは、不十分なケースが少なくありません。仕事ができていれば、業績が上がっていれば、それでいいというわけではないのです。

日頃の言動の小さな変化にも目を配り、必要があればきちんと声かけをする。元気かどうかだけでなく、いつもの状態との相違を観察しておく。それが、メンタルヘルス不調の早期発見につながります。端的に言えば、**心がけが大事**なのです。

たとえば、ストレスフルの元になるストレッサーの耐性に関しても、もともと強い人とそうでない人がいます。ストレッサーに強い人の特徴としては以下のようなものが挙げられます。

- **仕事とプライベートでメリハリのある生活をしている**
- **プライベートでは自然や芸術と触れ合う機会を持っている**
- **情報メタボになっていない（必要以上に情報を抱え込んでいない）**

一方で、ストレッサーの蓄積から疲憊《ひはい》期へと至りやすい人の特徴は次のとおりです。

まずは、「無口な人」です。無口な人は、黙っていても課題をこなしてくれますが、何を考え、どう思っているかを口にしません。そのため、ストレッサーを溜め込んでいる可能性があります。

このような人に対しては、週報や日報を書いてもらい、「**どう思っているのか**」「**何を考えているのか**」をリアルに話してもらう工夫が必要となります。

また、「几帳面な人」も注意が必要です。とくに、人の2～3倍は頑張らないと達成感を感じられなかったり、「しっかり」「きちんと」などと曖昧に言われてもそれを真に受けてしまったりする人は、ストレッサーを溜め込んでしまいます。

几帳面な人に対しては、本人任せにせず、上司が何をどこまで求めているのか、具体的な指示をするように心がけるべきです。その上で、仕事のやり過ぎや深掘りを止めることが重要です。

その他にも、「心配症な人」もストレッサーを溜めやすい傾向があります。たとえば、ちょっとしたことでもネガティブに捉えてしまう場合です。

このような人に対しても、日常で気になったことを日報や週報に書いてもらい、定例ミーティングなどで話させることが大切です。また、たとえ心配になったとしても、日々の行動が問題なくできていれば大丈夫だと伝えてあげるのも効果的です。

ここで改めて、メンタルヘルス・マネジメントの基本について、考え方を整理しておきましょう。以下のポイントを押さえた上で、社内での対応につなげてください。

**・「病気になったら休めばよい」という考え方でなく、ストレッサーをチャンスとして、自分の知識や技術、経験を、自分なりに積んでいく（いわゆる、自己成長）**

・職場だけを「自己成長」の場にしない（職場は「舞台」、肩書は「配役」にすぎない）
・車に例えれば、「自己成長」のためには、「アクセル（得意なこと）」だけでなく「ブレーキ（不得意なこと）」も使う
・社会常識や下積み生活（修行、経験）、小さな失敗も大事。失敗することで、自分と相手の判断基準の違いや判断の違いに気づける（失敗は結果と成果を近づけるチャンス※ともいえる）

※「結果」と「成果」の違い
本書では、「結果」と「成果」と図表11のように区別しています。参考になれば幸いです。

「結果」は「自分」の頭の中にある判断基準で、よくできたかどうかを「自分」で判断します。一方、「成果」は上司や顧客などの「他人」が考えた判断基準で、よくできたかどうかを「他人」が判断します。

**図表11　「結果」と「成果」の違い**

大事なことは、「自分」の判断基準だけではなく、**上司や顧客という「他人」とコミュニケーションをとり、相手が何を重要と考えているかを知ること**です。

近年、人事担当者の数が削減されたり、配置転換が頻繁に行われたりするなど、社員の体調の変化をチェックするのが難しい会社も多いものです。そのような状況を、「メンタルヘルス・マネジメント」という観点から改善していくことが、最初の一歩になるかもしれません。

会社としては、生産性や売上ももちろん重要ではありますが、それだけではなく、中長期的な視点を持ってメンタルヘルス不調に取り組む姿勢が求められています。

## 産業医を含む専門家とタッグを組んで

メンタルヘルス・マネジメントは、産業医や産業保健スタッフだけでなく、弁護士や社会保険労務士とも関わってくる問題です。医学的な部分だけでなく、法的な問題など幅広い視点で問題に対処することが大切です。

もちろん、法律に基づき、必要な書類を整えるだけでなく、医学的な知見と職場の事情なども考慮しつつ、最適な判断を模索する柔軟さも重要となります。対応が難しいメンタルヘルス不調だからこそ、状況に応じた対応が欠かせないのです。

また、身体だけでなく、心も関係していることなので、**絶対的に究極の解決方法というものはありません。一つひとつの事例に対し、丁寧に、真摯に対応するしかないのです。**それが、会社としてのあり方に反映されます。

問題が発覚するまで放置しておくのか。それとも、インフラのようにあってしかるべきものだと捉え、事前に対策を講じておくのか。それもまた、会社ごとに判断しなければならないことです。

社員の健康のために、そして会社の未来のために。**メンタルヘルス不調への対策が叫ばれている昨今、各企業がどのように対応するのかが問われています。**

# おわりに

## 絶対数が不足している産業医

最近、「メンタルヘルス対策に詳しい産業医を紹介してください」と企業の人事担当者からよく問い合わせを受けますが、いつも答えるのに難渋します。理由としては、産業医として認められる要件が法律で定められたのは１９９６年であり、まだ20年程度しか経っていないため、企業のニーズに応じた産業医の絶対数が不足しているからです。

しかも、病院に勤務している医師とは違い、産業医は患者本人の病状だけではなく、職場環境や業務内容、組織体系、労働契約の内容、上司や同僚などへの影響などを多面的に考えなければならず、産業医の業務内容が、病院で患者を治療するのとはまったく違う業務であることが傍目にはわかりづらく、実務を学びにくいところでもあります。

幸い、私の場合、産業医の創成期にたまたま産業医科大学を卒業し、産業医として実務をこなしながら、20数年かけて産業医としてのスキルを高めることができました。

しかし、今のご時世は即戦力になる産業医を要望されるので、困ったものだと感じている次第です。

企業と同じで、人材を育てるには最低5~10年はかかるもので、しかも産業医という特殊な分野で専門性を磨くには、かなりの時間を要します。

その一方、最近の若い世代の医師の間では、「産業医」に対する認識が高まり、産業医をひとつの専門として前向きにスキルを高めていきたいと考えている方が確実に増えてきていることも事実です。20年前では考えられないことです。私にとっては、うれしい限りです。

## メンタルヘルス対策の基本原則は「相手の心はわからない」ということ

メンタルヘルス対策については、労働安全衛生法などの法律や多くの裁判例から、産業医や人事担当者や管理者などに求められるものが増えているものの、事例ごとに、関与する要因が複数あり、戸惑うことが多いと思います。しかも、精神疾患は身体疾患とは違い、客観的検査がないので、診察する医師により判断が異なるところもあり、かつ現代医学では、精神疾患の病状と仕事のパフォーマンスの関係については未解明なところもあり、その中で、産業医が勇気をもって決断を迫られる場面も多く、一部の産業医にはメンタルヘルス対策が苦手という方もいることも事実です。

しかし、私としては、メンタルヘルス対策は、患者本人や職場の関係者からのヒアリングが大事で、それは病院での診察時の問診と似ていると思っています。最近は、問診もマニュアル化されて、無駄なことは極力聞かない風潮がありますが、私は、患者本人の生活の有り様が具体的にイメージできるように詳しく聞くことにしています。職場の関係者には、時系列に沿って、業務内容や職場環境の変化や職場での患者の状況などを聞くことにしています。

私自身は、「相手の心はわからない」という基本原則に立って丁寧に聞いて対応することで、メンタルヘルス対策を行ってきているだけです。

本書が、みなさんの会社でのメンタルヘルス対策の一助になることを祈念しています。

最後に、本書を出版するにあたり、お世話になった総合法令出版の関係者、産業医活動を支えてくれている当社の保健師・事務スタッフ・カウンセラーとその他関係者、そして家族に感謝の気持ちを捧げます。

２０１７年10月17日
日本メディメンタル研究所（株式会社ＪＰＲＯＮ〈ジェイプロン〉）
代表取締役　清水隆司

## 〈参考文献〉

本書の執筆にあたり、以下の文献・資料を参考にしました。

### 【書籍】

『メンタルヘルスと職場復帰支援ガイドブック』日本産業精神保健学会編　中山書店　2008年
『事例に学ぶ　職場のメンタルヘルス』中村純・新開隆弘監修　産業医科大学精神医学教室編　中央災害防止協会　2012年
『産業ストレスとメンタルヘルス‐最先端の研究から対策の実践まで‐』日本産業ストレス学会編　中央災害防止協会　2012年
『判例から学ぶ従業員の健康管理と訴訟対策ハンドブック』サンユー会研修実務委員会法令研究グループ編著　株式会社法研　平成17年
『ストレス診療ハンドブック　第2版』河野友信・吾郷晋浩・石川俊男・永田頌史編　メディカル・サイエンス・インターナショナル　2003年

『ここが知りたい　職場のメンタルヘルスケア　精神医学の知識&精神医療との連携法』日本産業保健学会編　南山堂　２０１１年
『うつ病の脳科学　精神科医療の未来を切り拓く』加藤忠史著　幻冬舎新書　２００９年
『精神医療・診断の手引き　ＤＳＭ－Ⅲはなぜ作られ、ＤＳＭ－５はなぜ批判されたか』大野裕著　金剛出版　２０１４年
『精神疾患診断のエッセンス　ＤＳＭ－５の上手な使い方』アレン・フレンセス著　大野裕・中川敦夫・柳沢桂子訳　金剛出版　２０１４年
『生活習慣病としてのうつ病』井原裕著　弘文堂　２０１３年
『誰でもできる！「睡眠の法則」超活用法』菅原洋平著　自由国民社　２０１３年
『事例で学ぶ上司のための職場の「うつ」対策』清水隆司著　ぎょうせい　２０１４年
『職場や家庭にストレスやうつで悩んでいる人がいたら』清水隆司著　産学社　２０１３年
『ストレス心理学　個人差のプロセスとコーピング』小杉正太郎編著　川島書店　２００３年
『世界のエリートがやっている最高の休息法「脳科学×瞑想」で集中力が高まる』（久賀谷

亮著　ダイヤモンド社　２０１６年）
『弁護士&産業医が教える　ストレスチェック制度の運用とメンタルヘルス対策の実務』倉重公太朗・清水隆司著　日本法令　２０１６年

## 【雑誌】

『気分障害のリワークの発展、現状と将来』最新精神医学　第16巻第2号　２０１１年
『産業精神医学』最新精神医学　第17巻第5号　２０１２年
『職場のメンタルヘルスの実際』最新精神医学　第20巻第1号　２０１５年
『外来患者の暴言をどのように捉え対処するか?』渡邉博幸　精神科治療学　第29巻第10号　１２２９‐１２３４ｐ　２０１４年
『職場復帰困難例におけるリワークプログラムの役割』五十嵐良雄　産業ストレス研究　第20巻　２７９‐２８６ｐ　２０１３年
『内田クレペリン精神検査を用いた就労判定に関する試み』黒川淳一　日本職業・災害医学会誌62　１６１‐１６６ｐ　２０１４
『メンタルヘルス不全者の職場復帰支援に関する調査研究（第1報）』柏木雄次郎ら　日本

職業・災害医学会誌53　153‐160p　2005
『セルフ・モニタリング尺度に関する研究』岩淵千明ら　心理学研究　第53巻　第1号54‐57p　1982年
『不安障害研究鳥瞰‐最近の知見と展望‐』貝谷久宣・土田英人・巣山晴菜・兼子唯　不安障害研究4（1）20‐36p　2013年
『メンタルヘルス不調者の出社継続率を91・6％に改善した復職支援プログラムの効果』難波克行　産業衛生雑誌　第54巻第6号　276‐285p　2012年
『メンタルヘルス不全者の職場復帰」が抱える諸問題』柏木雄次郎　日本職業・災害医学会会誌　第54巻第2号49‐53p　2006年
『わが国の産業医の平成14年から20年までの就退職数とその特徴』一瀬豊日・中村早人・蜂須賀研二　産業衛生雑誌　第54巻第5号174‐183p　2012年
『勤労者におけるストレス評価法（第1報）』夏目誠・村田弘・杉本寛治・中村彰夫・松原和幸・浅尾博一・藤井久和　産業医学　第30巻266‐279p　1988年
『勤労者のストレス評価法（第2報）』夏目誠　産業衛生雑誌　第42巻　107‐118p　2002年

『部下のメンタルヘルスを保持・増進するための管理監督者の意見』副田秀二　産業衛生雑誌　第54巻　74-76ｐ　２０１２年
『リワークプログラムの治療的要素およびその効果研究』五十嵐良雄・大木洋子　産業ストレス研究　第19巻　２０７-２１６ｐ　２０１２年
『うつ病のリワークプログラムの現状と今後の可能性』酒井佳永・秋山剛　産業ストレス研究　第19巻　２１７-２２５ｐ　２０１２年
『コンピュータ情報処理作業者における生活習慣とメンタルヘルス』黒川淳一・井上眞人・岩田弘敏・松岡敏男・井奈波良一　日本職業・災害医学会会誌　第52巻　96-１０４ｐ　２００４年
『産業医と労働安全衛生法の歴史』堀江正知　産業医科大学雑誌　第35巻特集号　「産業医と労働安全衛生法四十年」１-26　Ｐ２０１３年

【資料】

『労働安全衛生法に基づくストレスチェック制度実施マニュアル』厚生労働省
『ストレスチェック制度関係Ｑ＆Ａ』厚生労働省

『一般職業紹介状況について』厚生労働省
『労働安全衛生法に基づくストレスチェック制度に関する検討会報告書』厚生労働省　２０１４年
『精神障害者に対する雇用支援施策の充実強化について』厚生労働省　平成13年8月
『心の健康問題により休業した労働者の職場復帰支援の手引き』厚生労働省　平成24年7月改訂
『うつ病の脳科学的研究：最近の話題』山脇成人　第１２９回日本医学会シンポジウム　２００５年
『医療・介護関係事業者における個人情報の適切な取扱いのためのガイドライン』厚生労働省
『研究者・技術者の「うつ病」対策』技術情報協会　２０１３年
『自殺に関する意識調査』内閣府　２００８年
『作業関連疾患の予防に関する研究』労働省平成11年度
『職場環境などの改善方法とその支援方策に関する研究』平成16年度厚生労働科学研究費補助金

『職業性ストレス簡易調査票を用いたストレスの現状把握のためのマニュアル』東京医科大学
『職場におけるこれからのメンタルヘルス対策のあり方について』日本産業衛生学会
『事業場の健康診断におけるうつ病のスクリーニングの実施についての産業精神衛生研究会からの報告』日本産業衛生学会
『職場のメンタルヘルスチェックに関する意見表明』日本精神神経学会

【著者紹介】

## 清水隆司（しみず・たかし）

日本メディメンタル研究所（株式会社 JPRON）所長
医学博士／産業保健コンサルタント
1966年福岡県生まれ。1991年産業医科大学医学部卒業。1992年、三井石油化学株式会社（現・三井化学株式会社）に産業医として勤務。1999年、産業医科大学の産業医実務研修センターで助手として勤務。2002年、株式会社マインメンタルヘルス研究所にて、産業医、カウンセラーとして勤務。2006年より現職。現在、うつ病をはじめとするメンタルヘルス対策に主眼を置きながら産業医として活躍中。著書に『職場や家庭にストレスやうつで悩んでいる人がいたら』（産学社）、『事例で学ぶ　上司のための職場の「うつ」対策』（ぎょうせい）、『弁護士＆産業医が教えるストレスチェック制度の運用とメンタルヘルス対策の実務』（共著　日本法令）など。

**日本メディメンタル研究所**
http://www.medi-mental.com/

人事担当者・管理職のための
# メンタルヘルス・マネジメントの教科書

2017年12月1日　初版発行

著　者　清水隆司
発行者　野村直克
発行所　総合法令出版株式会社
〒103-0001　東京都中央区日本橋小伝馬町15-18
ユニゾ小伝馬町ビル9階
電話 03-5623-5121

印刷・製本　中央精版印刷株式会社

落丁・乱丁本はお取替えいたします。

ISBN 978-4-86280-591-1
総合法令出版ホームページ　http://www.horei.com/